Freche Sprichwörter

Aufruf

Wirklich lebendige Bücher sind jene, an denen die Leser mitschreiben. Wir fordern deshalb dazu auf, uns freche Sprichwörter zuzusenden; Sprichwörter, die Erfahrungen, Ideen und Sachverhalte mit drastisch-sinnlichen Worten auf den Punkt bringen. Geeignete Einsendungen (An den Eichborn Verlag, Kennwort »Sprichwort«, Sachsenhäuser Landwehrweg 293, D-6000 Frankfurt 70) werden bei Neuauflagen der »Frechen Sprichwörter« berücksichtigt.

Freche Sprichwörter für alle Lebenslagen

Herausgegeben von Uwe Gruhle
und Dö Van Volxem

Jetzt mit den hundert
zündendsten Spruch-Neuschöpfungen
des ausgehenden Jahrtausends

Eichborn Verlag

Das Sprichwort ist das Salz der Rede.

Verleumde nur fleißig, etwas bleibt immer hängen.

CIP-Titelaufnahme der Deutschen Bibliothek

Freche Sprichwörter für alle Lebenslagen / hrsg. von Dö van Volxem u. Uwe Gruhle. – Erw. Neuausg. – Frankfurt am Main : Eichborn, 1990
ISBN 3-8218-3003-4

Umschlaggestaltung und Ausstattung: Dö van Volxem.
Gesamtherstellung: FVA Fuldaer Verlagsanstalt GmbH, Fulda
ISBN 3-8218-3003-4
Verlagsverzeichnis schickt gern:
Eichborn Verlag, Hanauer Landstraße 175, D-6000 Frankfurt 1.

Schon Luther meinte, man müsse dem Volk aufs Maul schauen, um zu erkennen, wo es lang geht mit dem historischen Prozeß. Und Erasmus von Rotterdam, der humanistische Intellektuelle, der in der geistigen Finsternis des ausgehenden Mittelalters allerlei aufklärerisches Feuerwerk abbrannte, begann sogar, eine umfangreiche Sprichwörtersammlung aus griechischer und lateinischer Überlieferung anzulegen. Er wollte mit den hellsichtigen Sprüchen der Alten den herrschenden Glaubensmief ein wenig durchlüften.

Beim Studium der frühen Sammlungen von Volksweisheiten zeigten sich zwei gegenläufige Strömungen: einmal die duckmäuserische, lustfeindliche, tugendsame Haltung — und zum anderen die aufmüpfige, listige, witzige und unverblümte Weltsicht. Auffallend ist, wie stark in gebräuchlichen Lesebüchern und Zitatschätzen die zu Bravheit und Anpassung auffordernden Sprichwörter bevorzugt werden. Offensichtlich haben ganze Generationen von Schulfüchsen im Auftrag von Obrigkeit und Kirche alles darangesetzt, starke, vitale Sprichwörter unterzubügeln. Liest man in diesen gereinigten Sammlungen, möchte man meinen, der Mund des Volkes sei absolut zahnlos. Daß dem nicht so ist, beweist unsere Sammlung.

Sie ist Beleg dafür, daß die Regierten zu allen Zeiten ihr Maul aufgetan haben und oft derb ausdrückten, wie es ihnen ums Herz ist. Immer hat das Volk — oder doch ein Teil des Volkes — die Tugendreden durchschaut, die vom kleinen Mann Fügsamkeit, Aufopferung, Demut und andere Dummheiten verlangen (damit sich die Privilegierten ungestört ihre Bäuche füllen können). Wenn man sich oft auch nicht wehren konnte, so ließ man sich doch nicht für dumm verkaufen; so wie die Spontis von heute, deren stärkste Sprüche gewiß die Sprichwörter von morgen sein werden.

In diesem Lexikon sind über 1300 freche Sprichwörter versammelt. Sie wurden aus Unmengen von (oft staubbeladener) Literatur herausgefiltert; oft aber auch im aktuellen Gebrauch dingfest gemacht.

Viele stammen aus Deutschland. Sie stehen ohne Herkunftsbezeichnung im Buch. Der größere Teil kommt aus der Umgangssprache anderer Völker. Wir Herausgeber, bzw. unsere Gewährsleute, haben diese Sprichwörter ins Deutsche übertragen. Wenn möglich, wurde auf deutsche Entsprechungen zurückgegriffen, was besagt, daß viele Sprichwörter in geringfügigen Abwandlungen in verschiedenen Sprachen gebräuchlich sind.
Der Inhalt des Buches ist alphabetisch nach Stichwörtern geordnet, die häufig der aktuellen Umgangssprache entnommen sind. Durch diese — mitunter hinterfotzige — Methode erweist sich, wie treffsicher und witzig uralte Sentenzen unser modernes Leben zu kommentieren vermögen. Die Sammlung bringt also nicht nur Spaß beim Lesen, sondern auch Anregungen, wie und wo man die frechen Weisheiten der Völker redend und schreibend verwenden kann.

U. G. / D. VV.

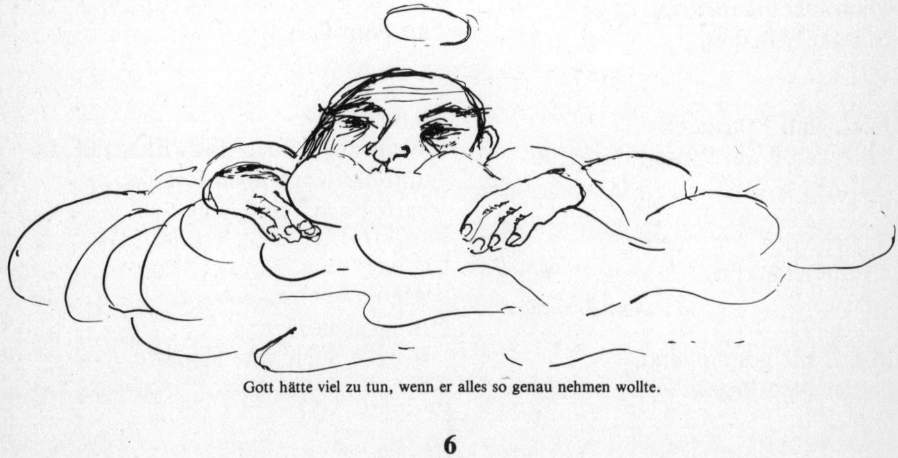

Gott hätte viel zu tun, wenn er alles so genau nehmen wollte.

Aberglaube
Aberglaube hat Bohnen in den Ohren,
sagen die Ungarn.

Abgang, guter
Es ist besser zwei Jahre zu früh,
als ein Jahr zu spät zu sterben,
sagen die Chinesen.

Ablenkungsmanöver
Der Hai nennt das Krokodil
gefräßig.

Abstieg
Wer sich seiner Vorfahren rühmt,
ist wie eine Kartoffel:
sein bester Teil liegt unter der Erde.

Ärzte
Gott läßt genesen,
und der Arzt kriegt die Spesen,
sagen die Amerikaner.

Der Arzt hilft immer,
wenn nicht dem Kranken,
so seinem Beutel,
sagten die Römer.

Ärzte und Pflasterer
bedecken ihren Pfusch mit Erde,
sagten die Römer.

Fürchte den Arzt mehr
als die Krankheit,
sagen die Franzosen.

Wenn alle gesund sind,
ist der Arzt krank.

Agitation
Das Meer wird vom Winde,
das Volk vom Gerede bewegt,
sagen die Bretonen.

Alkoholismus
Alkohol macht die Leute toll.

Ein Weiberschoppen ist acht halbe.

Besser der Arsch leidet Frost,
als die Kehle Durst.

Es ersaufen mehr im Becher,
als in der Flut,
sagen die Holländer.

Wer lange zecht, lebt lange.

Die dritte Generation
sieht man niemals in der Bierkneipe,
sagen die Iren.

Besser die Hände zittern vom Trinken
als vom Fasten.

Alkoholtest
Wenn der Bauch noch Bier hält,
und der Kopf noch fest sitzt,
hat's noch keine Not.

Alter
Im grauen Haar
stecken auch gute Hengste,
sagen die Araber.

Der Mann trägt die Jahre in den
Knochen,
die Frau im Gesicht.

Amerika
Nicht überall sind die Zäune
aus Bratwürsten geflochten,
sagen die Amerikaner.

Pfannkuchen gehen in Amerika
auch nicht auf Stelzen.

Anarchie
Keine Ordnung ist oft die beste,
sagen die Dänen.

Ordnung muß sein, sagte die
träge Hausfrau, aber nicht
in meinem Haus.

Recht wüst ist auch schön.

Anbiederung
Wenn des Zaren Schwanz schwillt,
so brennt jede Lippe,
ihn aufzunehmen,
sagen die Russen.

Wer sich zum Bette macht,
in dem will jeder schlafen,
sagen die Spanier.

Angeber
Wer angibt, hat mehr vom Leben.

Kleine Hände, großes Maul,
sagen die Iren.

Hunde, die bellen,
beißen nicht,
sagten die Römer.

Angst
Besser bei trockenem Brot in
der Dachspelunke,
als mit Galgenangst bei fetter Tunke.

Anhaltspunkte
Den Ochsen hält man bei den
Hörnern,
den Mann beim Wort
und die Frau beim Rock.

Anmaßung
Da schwimmen wir Äpfel,
sprach der Pferdeapfel
und schwamm mit den anderen
Äpfeln den Bach hinunter.

Anpassungsfähigkeit
Hunde und Hofschranzen
kann man zu allem abrichten,
sagen die Engländer.

Ansehen
Wenn er reich ist,
sagt man zu ihm:
Erlauchter Herr Hund!
sagen die Ungarn.

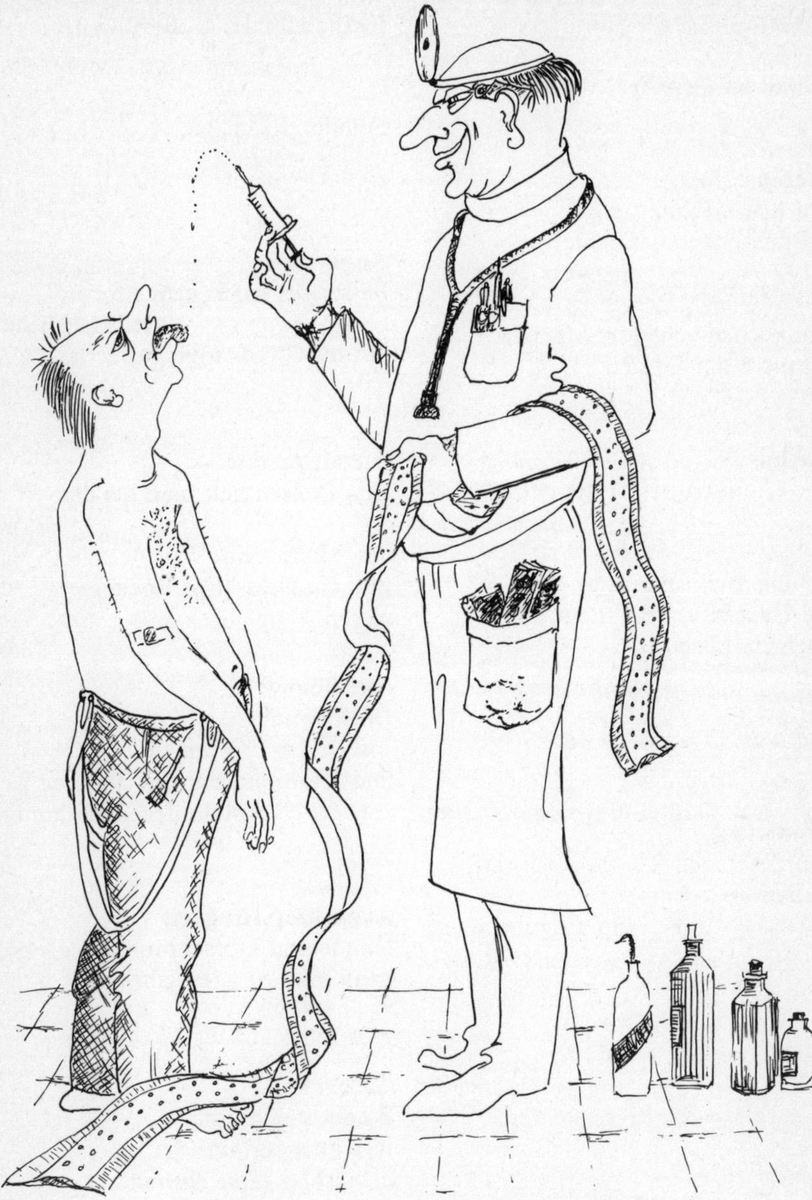

Der Arzt hilft immer, wenn nicht dem Kranken, so seinem Beutel.

Antriebsschwäche
Wer schläfrig ist,
was soll der im Bett der Braut,
sagen die Holländer.

Besser nicht beginnen,
als nicht beenden.

Klagen füllen keinen Magen.

Anziehungskraft
Wer Ziegen im Haus hat,
hat den Bock vor der Tür,
sagen die Armenier.

Wenn der Bock die Ziege sieht,
weiß er was er will.

Aphrodisiakum
Wein macht die Männer zu Böcken
und die Weiber zu Geißen.

Wein trinken hat viele fromme Weiber
auf den Rücken geworfen,
sagen die Kroaten.

Wein macht Liebe
und Gelegenheit Diebe.

Arbeit
Wer zusieht,
dem ist keine Arbeit zu schwer.

Stöhnen ist die halbe Arbeit.

Hoch die Arbeit,
damit keiner ran kann.

Huren und Diebe
arbeiten am fleißigsten,
sagt man in Tanger.

Die Arbeit hat der Teufel erdacht.

Arbeit bläst das Feuer im Herzen aus,
sagen die Spanier.

Wer schläft, schläft sich zum Besten;
wer arbeitet, weiß nicht,
wem es zugute kommen wird,
sagen die Leute auf Sumatra.

Arbeit nimmt dem Müßiggang
das Brot aus dem Maul.

Arbeitsscheu
Der Mönch scheut die Arbeit,
wie der Teufel das Weihwasser.

Argwohn
Glaube keiner Frau,
wenn sie auch tot ist,
sagen die Spanier.

Man soll den Weibern
nicht alles auf die Nase binden,
sagen die Römer.

Armut
Armut ist kein Laster,
aber auch keine Tugend,
sagen die Schweden.

Der Mann trägt die Jahre in den Knochen, die Frau im Gesicht.

Vom Schaffen wird man nicht reich,
sonst wären die Taglöhner
die reichsten Leute,
sagen die Griechen.

Wer nichts hat,
dem kann man nichts nehmen.

Besser arm und lebendig,
als reich und tot,
sagen die Rumänen.

Witz armer Leute gilt nichts.

Besser die armen Leute
sitzen vor deiner Tür
als du vor ihrer,
sagen die Araber.

Arschkriecher
Wer dem Herrn in den Arsch kriecht,
trifft bekannte Gesichter.

Arsch
Auf einen großen Arsch
gehört eine große Hose,
sagt man in Tirol.

Arzt
Ein unwissender Arzt
ist nicht besser als ein Mörder,
sagen die Chinesen.

Ein junger Arzt
muß drei Kirchhöfe haben.

Askese
Dichter und Mispeln
gedeihen am besten,
wenn sie einige Zeit auf Stroh liegen,
sagten die alten Griechen.

Astrologie
Der müßige Mann wird Astrologe,
sagen die Araber.

Atheismus
Man wird ohne Pfaffen geboren
und kann auch ohne sie sterben,
sagen die Franzosen.

Aufsässigkeit
Was Weibern verboten ist,
tun sie erst recht.

Aufsteiger
Wer mit großen Hunden pissen will,
muß auch das Bein hoch heben
können,
sagen die Franzosen.

Es ist kein Teufel so arg,
als wenn aus dem Dienstboten der
Herr wird,
sagen die Armenier.

Wenn Kinder kacken wollen
wie große Leute,
brennen ihnen die Ärsche.

Wenn ein Scheißpott
zum Brattopf befördert wird,
stinkt er erst recht,
sagen die Flamen.

Auf einen großen Arsch gehört eine große Hose.

Ausbeutung
Dumme Mädchen und häßliche Frauen
sind unschätzbare Kostbarkeiten,
sagen die Chinesen.

Arbeit ohne Lohn
ist halb Spott halb Hohn.

Aus fremdem Leder
ist leicht Riemen schneiden.

Bauern und Weidenköpfe muß man
oft beschneiden.

Andere feist machen
und selbst Hunger leiden,
ist beherzten Leuten zuwider,
sagen die Schweizer.

Drei Mächte gleichen sich im Nehmen:
Die Kirche nimmt von Lebendigen
und Toten,
das Finanzamt von Recht und Unrecht
und der Tod nimmt Starke und
Schwache.

Wenn der Herr
zum kleinen Mann kommt,
so will er was haben.

Der Arbeiter wird vom Fabrikanten
betrogen,
wie der Teufel von seiner Großmutter,
sagt man in Wales.

Ausbeutung, klerikale
Bettelstab und Bischofsstab
sind aus einem Holz.

Ausdauer
Wer Mönche zur Arbeit anhält,
muß Roßnägel verdauen können,
sagen die Slowaken.

Reich werden ist keine Kunst,
aber fromm bleiben.

Viele Schläge
machen die Stockfische weich,
sagen die Norweger.

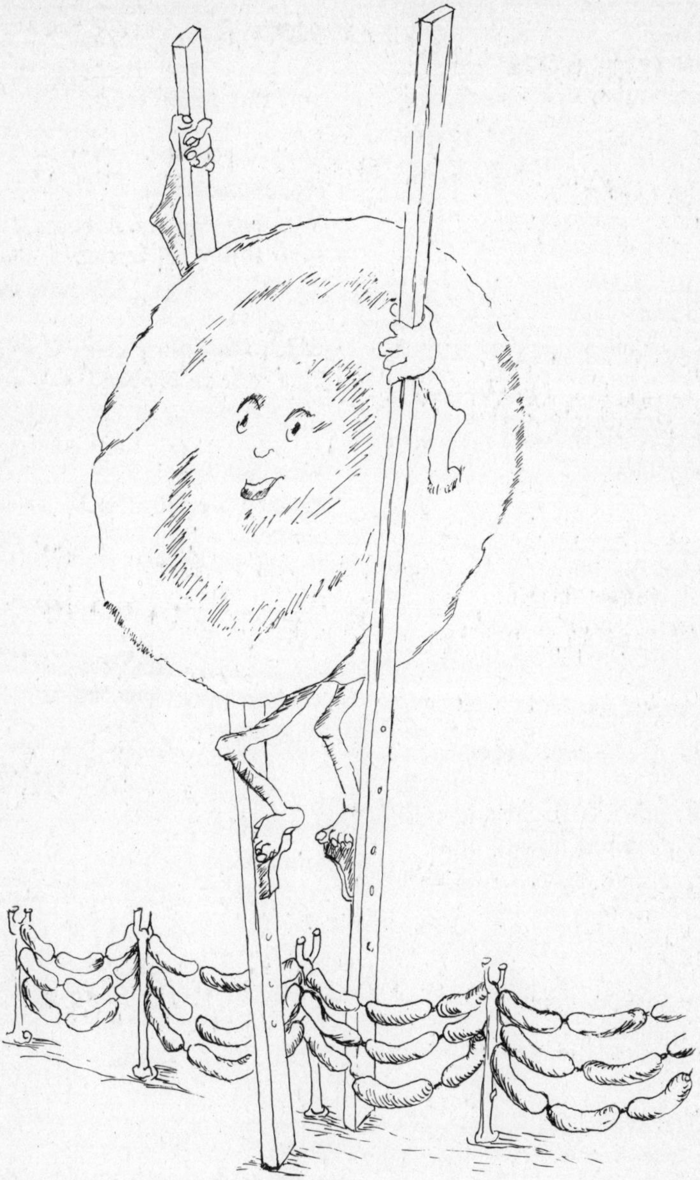

Pfannkuchen gehen in Amerika auch nicht auf Stelzen. & Nicht überall sind die Zäune aus Bratwürsten geflochten.

Bargeldverkehr
Die Wirte und die Huren
muß man bezahlen,
damit man ein andermal
wiederkommen darf.

Die beste Ware der Welt
ist das bare Geld,
sagen die Juden.

Bauer
Besser ein gesunder Bauer,
als ein kranker Kaiser.

Ein Bauer ist immer schwarz —
unter den Nägeln.

Beamte
Wer dem Staat dient,
kann nicht dem Volke dienen.

Amtsleute geben dem Staat ein Ei
und nehmen dem Bauern zwei.

Wer in den Honigtopf greift,
schleckt auch die Finger ab,
sagen die Kirgiesen.

Bedenkenlosigkeit
Iß die Frucht,
und frag nicht nach dem Baum,
sagen die Türken.

Begabung
Dem einen kommt es in Strömen,
dem anderen will's nicht tropfen,
sagen die Polen.

Begleiterscheinung
Wer Scheißhäuser putzt,
riecht nicht nach Weihrauch,
sagen die Holländer.

Behaglichkeit
Ein warmes Bett und ein fauler Arsch
können schwer voneinander kommen,
sagen die Schweden.

Behördenfrust
Im Bett ist es schöner
als vor des Amtmanns Tür,
sagen die Flamen.

Bekanntenkreis
Auch in der Hölle gibt es Leute,
die man kennt,
sagen die Japaner.

Bereicherung
Arznei und Juristerei
geben guten fetten Brei.

Bescheidenheit
Wenn das Kind nicht schreit,
wird es nicht gestillt,
sagen die Isländer.

Besitz
Es ist besser etwas zu haben,
als etwas zu kriegen.

Besserwisserei
Der wird gewiß betrogen,
der aller Ärsche Aufgang weiß,
sagten die Römer.

Beständigkeit
Nichts ist beständiger als der Wechsel.

Bestechlichkeit
Ein Advokat und ein Wagenrad
wollen geschmiert sein.

Butterschnitten und Minister
fallen immer auf die geschmierte Seite.

Bestechung tötet nicht.

Wenn sich die Börse öffnet,
so öffnet sich der Mund.

Schmieren und salben,
hilft allenthalben,
sagen die Araber.

Geschenke machen Weiber willig,
Pfaffen fromm
und Gesetze krumm.

Beten
Beten gehört für die Pfarrer.

Betrug
Betrug und Winter
schleppen den Schwanz im Dreck,
sagt man in Litauen.

Betrug
ist der Krämer Acker und Pflug.

Wer Lust zu tauschen hat,
hat Lust zu täuschen.

Betrug, frommer
Mit Weihwasser
haben die Priester leicht zu zahlen,
sagen die Franzosen.

Von einem Mönch
kommt niemand unbeschissen.

Bett
Bett ist Bett, sagte das Schwein,
und wälzte sich im Blumenbeet,
sagen die Holländer.

Bettler
Bettler scheuen keine Kosten,
sagen die Zigeuner.

Beweglichkeit
Wo ein Adler nicht fort kann,
da findet eine Fliege noch zehn Wege.

Bier
Aus dem miesesten Bier
entsteht der kräftigste Kater.

Wer Land kauft, kauft viel Steine;
Wer Fleisch kauft, kauft viele Knochen;
wer Eier kauft, kauft viele Schalen;
aber wer Bier kauft, kauft nichts anderes,
sagen die Engländer.

Biertrinker
Einen wackeren Biertrinker
läßt unser Herrgott nicht im Stich,
sagt man in Masuren.

Bildung
Was du gelernt hast,
frißt dir kein Brot.

Nichts zu wissen,
ist die höchste Kunst.

Viel Wissen macht Kopfweh,
sagen die Amerikaner.

Wir lernen,
was wir vergessen sollten,
und wir vergessen,
was wir lernen sollten,
sagen die Italiener.

Blasphemie
Verfluchter Wein ist besser,
als geweihtes Wasser.

Borniertheit
Gott behüte uns vor dem,
der nur ein Buch gelesen hat,
sagen die Engländer.

Branntwein
Branntwein ist morgens Blei,
mittags Silber und abends Gold.

Branntwein geht gut ein,
aber er macht aus dem Mann
ein Schwein

Buch
Kein schlimmerer Dieb
als ein schlechtes Buch,
sagen die Italiener.

Bundeskanzler
Saure Gesichter
und saurer Kohl stoßen auf.

Chauvi
Ofen und Frau sollen daheim bleiben,
sagen die Friesen.

Chauvinismus
Schüttelst du die Hand eines Griechen,
so zähl' deine Finger,
sagen die Albaner.

Jedes Problem hat zwei Seiten:
die falsche und die unsrige,
sagen die Engländer.

Auf fremde Ärsche ist gut klatschen,
sagen die Ukrainer.

Coitus
Wenn der Zar die Zarin rammelt,
sprühen auch nur Tröpfchen
und niemals Funken,
sagen die Russen.

Beim Deutschen sind die Beinchen etwas dünn und die Seele etwas kurz.

Dankbarkeit
Wer einem alten Weib
mit dem Finger den Arsch grault,
dem bescheißt sie zum Dank
die ganze Hand,
sagen die Slowenen.

Leihe einem Geld,
der es dir nicht zurückzahlt,
und er wird es dir noch übelnehmen,
sagen die Chinesen.

Danbkbarkeit
ist in den Himmel gestiegen
und hat die Leiter mitgenommen,
sagen die Polen.

Wem du Gutes getan,
der wird dir aus dem Wege gehen,
sagen die Spanier.

Destruktion
Je böser, je glückseliger,
sagen die Mexikaner.

Deutsche
Deutsche können alle Plagen,
aber keinen Durst ertragen.

Der Deutsche denkt —
und die Polizei lenkt.

Beim Deutschen
sind die Beinchen etwas dünn
und die Seele etwas kurz,
behaupten die Russen.

Wenn man Deutsche verderben will,
so nimmt man Deutsche,
sagen die Engländer.

Diät
Auf anderer Leute Kosten
fressen und saufen,
ist die beste Diät,
sagen die Österreicher.

Dialektik
Ich helfe den Bauern auf die Beine,
sprach der Edelmann,
und er nahm ihnen die Pferde.

Dichter
Wenn die Feder den Dichter machte,
wäre die Gans auch nicht zu
verachten,
sagen die Franzosen.

Bei Pilzen und Dichtern
kommen auf einen guten zehn
schlechte.

Ist der Zar selbst ein Reimer,
haben die Dichter nichts zu lachen,
sagen die Russen.

Diktat
Wenn der Schah schnupft,
hat das Volk zu niesen,
sagten die Perser.

Dinge, zwei
Vor zwei Dingen hüte dich:
vor einem Mann, der scheinfromm ist
und einer Frau, die Katzen küßt.

Dinge, drei
Befehlen, stehlen und hehlen
sind drei Diebe.

Drei Dinge sind immer faul:
alte Eier, alte Gäule, alte Freier.

Drei Dinge sind gleich gut:
ein entlaufener Mönch,
ein gezähmter Wolf
und ein bekehrter Kommunist,
sagen die Polen.

Drei Dinge erquicken unsere Leiber:
Bad, Wein und Weiber.

Drei Dinge befördert der Trunk:
rote Nasen, den Schlaf und den Urin.

Drei Dinge verliert man bei Tisch:
Hunger, Durst und Zeit.

Drei Dinge stützen die Welt:
Aktien, Papier und Geld.

Drei Dinge sind nie Nütz gewesen:
Hunde in der Kirche,
Säue im Bad
und Pfaffen im Rat.

Dinge, sechs
Sechs Dinge verderben ein Land:
Fliegen, Flöhe, Fledermäuse,
Buben, Huren und Filzläuse.

Vor zwei Dingen hüte dich: vor einem Mann, der scheinfromm ist, und einer Frau, die Katzen küßt.

Dinge, sieben
Sieben Dinge machen leere Taschen:
Buhlen und Naschen,
Rechten, Spielen und Bauen,
Bürgschaft leisten und Frauen.

Diplomatie
Kinder und Hunde
sind gute Unterhändler.

Diskriminierung
Ein Blasbalg nennt den anderen
Windbeutel,
sagte man in Böhmen.

Distanz
Liebe aus der Ferne
erkaltet gerne,
sagen die Dänen.

Disziplinlosigkeit
Wenn der Abt zum Glas greift,
so langen die Mönche zum Krug.

Vor einem barfüßigen Zaren
würde niemand das Knie beugen,
sagen die Russen.

Ist der Abt nicht zu Hause,
tanzen die Mönche in der Klause.

Dominikaner
Wenn sich ein Engel
in einen Esel verwandeln will,
so muß er Dominikaner werden.

Dreck, am Stecken
Jedes Ämtchen
hat sein Schlämmchen.

Druck
Druck erzeugt Gegendruck.

Dreistigkeit
Unverschämt lebt froh,
sagen die Schweizer.

Jage eine Fliege zehnmal fort,
sie kommt elfmal wieder,
sagt man in Tunesien.

Dreist macht feist.

Duckmäuser
Wer sich bückt und duckt,
der wird verschluckt.

Dünkel
Des Zaren Nachttopf dünkt sich mehr,
als des Bürgers Tafelgeschirr.

Duldsamkeit
Ein gütiges Schaf
wird von allen Lämmern gesogen,
sagen die Italiener.

Dummheit
Was der Esel sagt,
glaubt er,
sagen die Perser.

Mit dummen Leuten und faulen
Äpfeln kannst du nichts anfangen,
sagen die Armenier.

Dumme Leute haben
für alles Bewunderung,
sagen die Franzosen.

Ein blöder Hund wird selten fett,
sagten die Römer.

Dummheit, aufgeblasene
Wissen ohne Verstand ist Tand.

Durchblick
Wer die Arbeit kennt
und sich nicht drückt,
der ist verrückt.

Katzen legen keine Enteneier,
sagen die Bretonen.

Ein gefleckter Hund ist kein Tiger,
sagt man in Georgien.

Drei Dinge erquicken unsere Leiber: Bad, Wein und Weiber.

Effektivität

Man soll das Brett bohren,
wo es am dünnsten ist,
sagen die Schweden.

Böses, das nichts schadet,
ist nicht schlimmer,
als Gutes, das nichts nützt,
sagen die Ägypter.

Egoismus

Das Hemd ist mir näher als der Rock.

Erst komm' ich und wieder ich und nochmals ich und dann kommen die andern noch lange nicht.

Jeder für sich, Gott für uns alle.

Ehe

Wessen Liebe zu heiß,
der kühle sie durch die Ehe.

Ist das Bett beschritten,
so ist das Recht erstritten.

Wer aus Liebe heiratet,
hat gute Nächte und böse Tage.

Junggeselle ein Pfau,
verlobt ein Löwe,
verheiratet ein Esel,
sagen die Spanier.

Soll die Liebe lang bestahn,
sei blind das Weib
und taub der Mann,

Kinderscheiße ist guter Ehekitt.

Im Notfall schläft man
sogar mit der eigenen Frau,
sagen die Wiener.

Unter Nußbäumen und Eheleuten
kommt kein gutes Kraut auf,
sagen die Chinesen.

Ehestreit

Es ist kein Verbrechen,
wenn Eheleute sich schlagen.

Ehre

Ehre wem Ehre gebührt,
sagte der Schweinehirt, und schritt
vor den Sauen zum Tor hinaus.

Ehre ist wie ein gläserner Schuh:
man muß vorsichtig auftreten,
sagen die Spanier.

Ehrgeiz

Ehrgeiz und Flöhe,
springen gern in die Höhe,
sagen die Engländer.

Ehrlichkeit

Eine ehrliche Ohrfeige ist besser,
als ein falscher Kuß.

Soll die Ehe lang bestahn, sei blind die Frau und taub der Mann.

Eier, ungelegte
Aus ungelegten Eiern
schlüpfen keine Küken.

Eifer
Der Eifer ist ein guter Diener,
aber ein schlechter Herr.

Eifersucht
Eifersucht ist eine Leidenschaft,
die mit Eifer sucht,
was Leiden schafft.

Eigenliebe
Liebe dich selbst,
so hast du keine Rivalen,
sagen die Esten.

Jeder ist sich selbst der Nächste.

Eigenheim
Narren bauen Häuser,
Weise kaufen sie,
sagen die Niederländer.

Durch Bauen verarmt man willentlich.

Eigenlob
Wer sich selbst lobt,
hat ein hinkend Hirn.

Eigenlob stinkt.

Eile
Man muß bei nichts eilen,
außer beim Flöhe fangen,
sagt man im Sudan.

Eilen bringt dem Esel die Fäulen
und dem Arsch die Beulen.

Einfallsreichtum
Frauen haben viele Haare,
aber noch mehr verrückte Einfälle,
sagen die Türken.

Einfalt
Arm und Fromm muß man
bei Josef im Stall suchen.

Einsicht
Der fetten Gans soll man
den Arsch nicht schmieren,
sagen die Leute in Straßburg.

Was du nicht weißt,
kannst du nicht vergessen.

Besser Fürst sein, als Kaiser heißen.

Eitelkeit
Stinkende Butter und ranziger Speck
gehören zusammen wie Närrin und
Geck.

Der Pfau hat seinen Verstand im
Schwanz,
sagen die Russen.

Elternliebe

Jedes Weib will lieber schön
als fromm sein.

Wenn der Eber
den Elefanten gesehen hat,
preist er den eigenen Rüssel,
sagen die Äthiopier.

Jedem Narren gefällt seine Kappe.

Elternliebe
Elternliebe ist oft Affenliebe.

Was die Alten sündigen,
das büßen oft die Jungen.

Emotion
Unter dem Gürtel
findet sich kein Verstand,
sagt man in Jamaika.

Wer keinen Zorn hat,
hat keinen Verstand.

Ende
Besser ein Ende mit Schrecken,
als ein Schrecken ohne Ende,
sagten die Römer.

Energiegefälle
Kalte Hände, heiße Liebe.

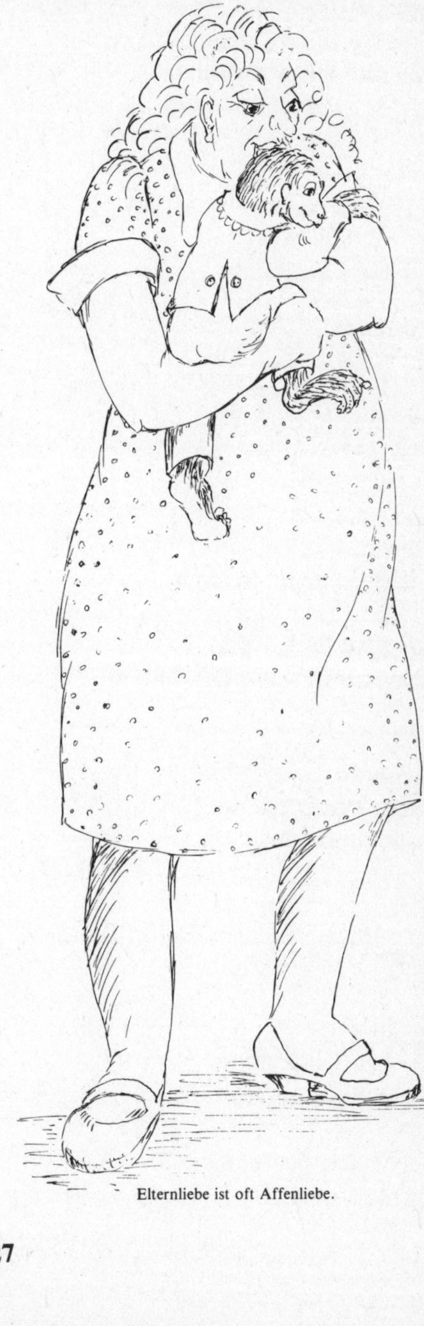

Elternliebe ist oft Affenliebe.

England
England ist das Paradies der Frauen,
das Fegefeuer der Männer
und die Hölle der Pferde,
sagen die Spanier.

In England gibt es sechzig
verschiedene Religionen,
aber nur eine Sauce,
sagen die Franzosen.

Ein Dämon heiratete einen Affen,
und das Ergebnis war,
mit Gottes Hilfe,
der Engländer,
sagen die Inder.

Enthaltsamkeit
Trinken bringt Kummer,
Enthaltsamkeit verdoppelt ihn,
sagen die Iren.

Wer nicht raucht
und auch nichts trinkt,
der ist schon auf andere Art
dem Teufel verfallen,
sagen die Spanier.

Entwicklungshilfe
Der Weiße hat
immer ein Papier in der Tasche,
um den Schwarzen zu betrügen,
sagt man auf Haiti.

Des Negers Teufel ist weiß,
sagen die Haussa.

Entzugserscheinung
Ohne Wein und Brot
leidet Venus Not,
sagen die Schweizer.

Erbe
Der Eltern Tod
ist oft der Kinder Glück.

Besser das Erbe verzehren,
als es dem Staate gewähren,
sagen die Spanier.

Erben
Schulden sind die wahren Erben.

Wenn Gott mit dem Tode kommt,
dann kommt der Teufel mit den Erben,
sagen die Portugiesen.

Ist das Kind nicht getauft,
so erbt es nicht.

Lachende Erben lieben stille
Begräbnisse,
sagen die Serben.

Erfahrung
Ein neuer Besen kehrt gut,
aber die alte Bürste kennt die Ecken,
sagen die Österreicher.

Erfinder
Ärzte und Advokaten
haben Sarg und Bettelstab erfunden,
sagen die Italiener.

Böse Kinder machen den Vater fromm.

Erfolgsgeheimnis
Mach, was du willst,
aber sei der Erste,
sagen die Wallonen.

Wer etwas haben will,
der muß zulangen,
sagt man in Südafrika.

Gott hin, Gott her,
Teufel oben, Teufel unten,
wer nicht geizt, kommt zu nichts.

Ein guter Griff zur rechten Zeit
in den richtigen Unterrock führt weit,
sagen die Amerikaner.

Ein wenig kaufen
und ein wenig stehlen
macht reiche Leute,
sagt man in der Provence.

Erziehung
Schläge machen die Guten schlimm
und die Schlimmen schlimmer.

Böse Kinder
machen den Vater fromm,
sagen die Dänen.

Kinder erziehen, ist kein Gänsehüten.

Von der Sau
lernen die Ferkel das Grunzen,
sagen die Belgier.

Erziehung, antiautoritäre
Besser das Kind rotzig lassen,
als ihm die Nas' abzureißen.

Wenn das Kind seinen Willen kriegt,
schreit es nicht,
sagen die Holländer.

Die wildesten Fohlen
werden die besten Pferde.

Wenn die Eltern um die Ecke glotzen,
sollst du sie in die Fresse rotzen.

Erziehung, autoritäre
Auf eine große Lüge
gehört eine große Ohrfeige,
sagen die Basken.

Die Rute,
macht aus bösen Kindern gute.

Erziehungsergebnis
Die wenigsten Kinder
schlagen nach ihren Eltern,
sagen die Ägypter.

Eine fleißige Mutter
zieht faule Töchter.

Aus einem lustigen Bub
wird selten ein guter Diener.

Was zähmt, das lähmt.

Eselsbraten
Ein Eselsbraten ist besser,
als ein Heuschreckenbein,
sagen die Ägypter.

Ersatzhandlung
Dreimal um die Kirche
ist soviel wie einmal drin gewesen.

Europäer
Der Deutschen Sauferei,
der Italiener Liebeshunger
und der Spanier Klauerei
kann man keine Grenzen setzen,
sagen die Franzosen.

Der Deutsche denkt es aus,
der Franzose macht's nach zuhaus,
der Brite kommt hinterdrein
und steckt den Nutzen ein.

Eva
Wenn Eva nascht,
so kostet auch Adam.

Ewigkeit
Auch die Ewigkeit
besteht aus Augenblicken.

Exhibitionismus
Eine volle Brust verhüllt sich gern
mit einem hauchdünnen Schleier,
sagen die Franzosen.

Besser das Kind rotzig lassen, als ihm die Nase abreißen.

Eine volle Brust verhüllt sich gern mit einem hauchdünnen Schleier.

Fallen
Durch Fallen lernt man gehen.

Es fällt nicht alles was wackelt,
sagen die Portugiesen.

Familiengeheimnis
Jede Familie hat ihre Leiche im Keller,
sagen die Neapolitaner.

Familientrauer
Die Flöhe sind schwarz,
weil sie immer Familientrauer haben,
sagt man in Bosnien.

Fatalismus
Auf Besserung
hat schon unser Großvater gewartet,
und wir warten immer noch,
sagen die Finnen.

Faulheit
Besser einmal im Jahr gebären
als täglich den Bart scheren,
sagen die in Spanien.

Faulheit kennt kein Rückenweh,
sagen die Ungarn.

Niemand ist so beschäftigt
wie der Faule,
wenn es an die Arbeit geht,
sagen die Wallonen.

Der Faule trägt
und der Fleißige läuft
sich zu Tode,
sagen die Chinesen.

Wer der Arbeit zusieht,
wird davon nicht müde.

Möncherei
ist das Schlaraffenland fauler Brüder.

Dem Faulen geht's am wohlsten,
wenn er schläft,
sagt man in Japan.

Der Faule will sich nicht legen,
weil er sich vorm Aufstehen fürchtet,
sagen die Chinesen.

Man sollte das eine nicht tun
und das andere lassen,
sagt man auf Tahiti.

Geniale Leute —
faule Leute,
sagen die Holländer.

Für faule Leute
hat die Woche nur sieben Feiertage,
sagen die Schweden.

Faustrecht
Wer verliert, hat Unrecht,
sagen die Franzosen.

Der Wurm
hat vor dem Hahn immer Unrecht,
sagen die Engländer.

Fauxpas
Wer kann denn auch an allen Dreck
denken,
sagte die Hausfrau zu ihrem Mann,
als sie das Mittagessen vergessen hatte.

Jeder Griff bei Nacht ist mißlich,
sagte der Pater,
als er zur Nonne ins Bett schlüpfte
und darin den Abt umarmte,
der bereits bei ihr lag,
sagt man in Österreich.

Finger, reine
Wer die Finger will halten rein,
der mach den Arschwisch nicht zu klein,
sagen die Rumänen.

Fehler
Fehler sind oft besser als Flickwerk.

Fehlbesetzung
Pfaffen im Rat,
Säue im Bad,
Hunde in der Küche
machen üble Gerüche.

Ochsen gehören auf den Acker
und nicht ins Rathaus,
sagen die Schweizer.

Fehlinvestition
Pferde fressen Hafer
und scheißen Dreck,
sagen die Amerikaner.

Feigling
Der Feigling hat sein Gesicht hinten,
sagen die Norweger.

Feilschen
Wer kaufen will, biete die Hälfte,
sagen die Araber.

Fernsehdiskussion
Wer am wenigsten weiß,
hat in der Regel am meisten
zu sagen,
sagten die alten Griechen.

Ferkel
Ferkel sind Ferkel,
zieht man ihnen ein Abendkleid an,
legen sie sich doch in den Dreck,
sagen die Dänen.

Feuer
Wer Feuer frißt,
wird Funken scheißen,
sagen die Ungarn.

Feuer und Liebe ziehen an.

Das Feuer habe ich angezündet,
sagte die Gans,
als sie ihren Köttel rauchen sah,
sagt man in Tirol.

Finsternis
Im Arsch ist's finster.

Fleiß
Der Fleiß ist die Wurzel,
aller Häßlichkeit.
sagen die Leute auf Sumatra.

Arschkratzen ist auch eine Tätigkeit,
sagen die Finnen.

Weinberg und Grind,
kratze und schind!

Ferkel sind Ferkel, zieht man ihnen ein Abendkleid an, legen sie sich doch in den Dreck.

Je mehr man den Zimt stößt,
desto mehr duftet er.

Flitterwochen
Nach den Flitterwochen
kommen die Zitterwochen,
sagen die Schotten.

Fluch
Tausend Flüche
haben noch kein Hemd zerrissen,
sagen die Araber.

Jeden Tag ein Fluch
erhöht das Glück
und die Lebensdauer,
sagen die Mongolen.

Beten hilft nicht,
fluchen schadet nicht,
sagen die Bulgaren.

Folge, logische
Wer Käse oder Aal gegessen,
soll drauf das Trinken nicht vergessen,
sagten schon die Römer.

Folgeerscheinung
Wer mit Hunden zu Bett geht,
steht mit Flöhen auf.

Fortune
Mancher schießt ins Blaue
und trifft ins Schwarze.

Wem das Glück wohl will,
dem kälbert der Ochs.

Frage
Fragen kostet nichts,
sagen die Juden.

Wer viel fragt,
kriegt viel Antwort.

Frankfurter
Der Frankfurter ist ein Christ,
wenn er gerade im Dusel ist.

Frau
Ein jeder spricht schlecht von den Frauen,
dabei kann er viel gute darunter schauen,
sagen die Polen.

Eine gute Frau
macht
aus einem Achtziger einen Vierziger;
eine böse
aus einem Vierziger einen Achtziger,
sagen die Franzosen.

Ohne Frauen keine Freude,
sagen die Perser.

Frauen und Maultiere
gehorchen besser dem Kosen
als dem Tosen,
sagen die Griechen.

Frauen, gefährliche
Mit Frauen und Schießpulver
ist es gefährlich zu spielen,
sagen die Spanier.

Der Mann jagt der Frau nach,
bis sie ihn erwischt.

Frauen und Priester
sind die schlimmsten Biester.

Frauen, schlaue
Frauen haben stets eine Schachtel
Tränen in der Tasche,
sagen die Italiener.

Die Frauen sind die Schlauen,
sagen die Holländer.

Wer eine Frau hat,
hat einen Aal beim Schwanze.

Manche Frauen
betrachten ihren Mann,
wie der Gärtner das Mistbeet.

Frauen, schöne
Der Teufel verführt alle —
und die hübsche Frau den Teufel.

Keine Frau ist häßlich,
wenn sie geliebt wird,
sagten die Römer.

Eine schöne Frau gehört der Welt,
eine häßliche dir ganz alleine,
sagen die Inder.

Je schöner die Frau,
je fauler der Arsch.

Frauen, starke
Nun weiß ich doch,
wo meine
Wäscheleine hingekommen ist,
sagte die Frau,
als sie ihren Mann
erhängt im Stall fand,
sagt man in Belgien.

Keine Frau kann aus einem Narren
einen Weisen machen,
aber jede Frau kann aus einem Weisen
einen Narren machen.

Der Mann ist das Haupt,
die Frau aber die Krone.

Was eine Frau will, muß geschehen,
und sollte das Wasser den Berg
hinauffließen,
sagen die Inder.

Frau, zänkische
Eine zänkische Frau
ist der Schiffbruch des Mannes,
sagen die Norweger.

Frau, zweite
Die zweite Frau hat goldene
Hinterbacken,
sagen die Serben.

Freak
Das ist ein närrischer Kauz,
der nüchtern auf einem Bein hupft,
sagten die Römer.

Freiheit
Freiheit und Suppe
wird durch viele Köche versalzen.

Ob zu unrecht,
oder mit Rechtsgewalten,
laß niemals dich gefangen halten,
sagen die Katalanen.

Freiheitsliebe
Lieber tot als Sklave,
sagen die Friesen.

Lieber ein kleiner Herr,
als ein großer Knecht,
sagt man in der Toskana.

Freizeitgestaltung
Wer Zank liebt und Streit,
findet stets Gelegenheit,
sagen die Tschechen.

Fremdbestimmung
Die Pferde gehen oft mit dem Reiter,
wohin er nicht will,
sagen die Engländer.

Freude
Die reinste Freude
ist die Schadenfreude.

Freundschaft
In einem Faß Wein steckt
viel Freundschaft.

Kauf kennt keine Freundschaft,
sagen die Holländer.

Tee und gute Freunde muß man
probieren,
sagen die Japaner.

Fressen
Mit Arbeiten sei geizig,
beim Fressen sei fleißig.

Frömmigkeit
Wenn die Weiber sonst mit niemand
schwatzen können,
plaudern sie mit dem lieben Gott,
sagen die Italiener.

Willst du bleiben fromm,
hüte dich vor Rom.

Liegt einer im Bette
bei einer im Kloster,
so singen sie schwerlich
das Paternoster.

Kurze Predigten und lange Bratwürste
haben Bürger und Bauern gern.

Frühwarnsystem
Ratten verlassen das sinkende Schiff.

Frust
Aus einem verdrießlichen Arsch
fährt kein fröhlicher Furz,
sagen die Polen.

Führungsschwäche
Fische fangen am Kopf an zu stinken,
sagen die Amerikaner.

Führungstechnik
Vertrauen ist gut,
Kontrolle ist besser,
sagen die Amerikaner.

Furz
Nonnenfürz sind des Teufels
Blasebälg.

Der Feigling hat sein Gesicht hinten.

Galgenhumor
Komm nur, lud der Bettler den Gast,
wo drei hungern,
können auch vier in Freuden fasten.

Gastfreundschaft
Besucher machen immer Freude:
wenn nicht beim Kommen,
so doch beim Gehen,
sagen die Afghanen.

Gehbehinderung
Je stärker der Wein,
je schwächer das Bein.

Gedankenfreiheit
Gedanken sind zollfrei.

Geduld
Mit Geduld
wird das Maulbeerblatt zum
Abendkleid,
sagen die Engländer.

Der müßte viel Brei haben,
der allen Leuten
die Mäuler zuschmieren wollte,
sagen die Schweizer.

Geduld hat einen harten Zahn,
der selbst Kieselsteine zermahlen kann,
sagen die Inder.

Man soll den Arsch nicht eher
wischen, als bis er fertig ist,
sagen die Bulgaren.

Geduld ist die Tugend der Esel,
sagen die Franzosen.

Jeder Europäer,
der nach Indien kommt,
lernt Geduld, wenn er keine hat,
und er verliert sie,
wenn er sie hat,
sagt man in Indien.

Gefahr
Jungfrauen und Gläser
schweben in steter Gefahr.

Ein guter Wein und ein schönes Weib
sind zwei süße Gifte.

Hüte dich vor einem jungen
Arzt und einem alten Friseur,
sagen die Amerikaner.

Gefolgschaft
Wo ein Schaf vorgeht,
folgen die andern,
sagen die Spanier.

Geheimnis
Was zwei wissen, erfahren hundert.

Gründe sind Geheimnisse,
die man verschweigt,
sagen die Perser.

Geheimhaltung
Du kannst dein altes Mütterchen verstecken,
aber nicht ihren Husten,
sagt man in West-Afrika.

Auch ein Furz,
den du unter Wasser fahren läßt,
kommt an die Oberfläche,
sagen die Ägypter.

Nur zwei Dinge behält die Frau für sich:
ihr Alter und was sie selbst nicht weiß,
sagen die Bulgaren.

Geigenspiel
Eine vielgespielte Geige klingt besser,
sagt man in Livland.

In 40 Wochen wird sich's zeigen,
wie man gespielt hat auf der Geigen,
sagen die Ungarn.

Geiz
Geiz sucht seinen Himmel im Kot.

Geizige Käufer
kaufen schlechtes Gemüse,
sagten die Römer.

Auch der Weinkeller reicher Leute
kann an Wassersucht sterben.

Besser den Hut ziehen,
als das Portemonnaie,
sagen die Slowaken.

Geizhals
Den Geizhals reut der Schatten,
den sein Licht wirft,
sagen die Italiener.

Hängt die Sau den Geldsack an, grüßt „schöne Frau" ein jedermann.

Der Geizhals wird eine Ohrfeige
eher nehmen als geben.

Gelassenheit
Wenn ich tot bin,
mögen Hunde auf mein Grab brunzen,
so sie wollen,
sagen die Tibeter.

Wenn es Gott gefällt,
dein Haus zu verbrennen,
so trage es geduldig
und wärme dich daran.

Geld
Wenn Taler anklopft,
ruft jedermann „herein".

Mit dem Bezahlen
verplempert man sein ganzes Geld.

Federn machen den Vogel fliegen,
Geld den Mann,
sagen die Perser.

Das Geld ist rund,
dem einen läuft's in'n Arsch,
dem andern in den Mund.
sagen die Griechen.

Geld ist Dreck,
aber Dreck ist kein Geld,
sagen die Schweizer.

Hängt die Sau den Geldsack an,
grüßt „Schöne Frau" ein jedermann.

Liebe tut viel,
Geld alles,
sagen die Amerikaner.

Geldumlauf
Ein Taler, der umläuft,
schimmelt nicht.

Gelegenheit, verpaßte
Während der Hund pißt,
laufen die Kaninchen davon,
sagen die Australier.

General
Eines einzigen Generals Ruhm
besteht aus zehntausend Leichen,
sagen die Chinesen.

Generäle siegen,
Soldaten fallen.

Genügsamkeit
Lieber Brot mit Wasser
als Kuchen mit Verdruß,
sagen die Russen.

Genußfähigkeit
Gestohlenes Brot schmeckt wie
Lebkuchen.

Iß Pasteten
und spar dir das
Brot für später auf,
sagen die Franzosen.

Sündigen ist der beste Teil der Reue.

Gerechtigkeit
Reiche Leute
können nicht Unrecht tun.

Selbst der liebe Gott
kann es nicht jedem recht machen.

Gott gibt den Reichen Rinder
und den Armen Kinder,
sagen die Iren.

Die kleinen Diebe hängt man,
die großen läßt man laufen.

Räuber von Geld werden hingerichtet,
die Räuber von Ländern werden zu
Königen gemacht,
sagen die Japaner.

Gerechtigkeit fängt Fliegen
und läßt Hummeln durch.

Gerechtigkeit, ausgleichende
Arme Leute haben immer Unrecht,
sagen die Italiener.

Wer einen Betrüger betrogen hat,
dem ist der Himmel wohlgesinnt,
sagen die Spanier.

Gernegroß
Weil sie dem Fürsten ans Fenster pißt,
ist die Fliege noch lange kein
Hofmann.

Gerontologie
Die Alten tragen ihre Füße in den
Händen (Stock),
ihre Zähne in den Taschen (Messer)
und ihre Augen im Futteral (Brille).

Geschäft
Ein Kaufmann kann nicht ohne
Sünde sein.

Der Kaufmann nennt jedermann:
Gnädiger Herr,
sagen die Holländer.

Geschäftstüchtigkeit
Betrug ist keine Untat,
sondern Gewandtheit,
und Gewandtheit ist keine Hexerei,
sagen die Zigeuner.

Es ist nichts als Betrug auf der Welt,
sagte der Kaufmann,
als er Torfasche für Zimt verkaufte.

Schlechte Zahler sind tüchtige Mahner.

Der Hamster fragt nicht,
wem er die Körner stiehlt.

Geschicklichkeit
Es hat alles seine Wissenschaft,
ausgenommen das Flöhefangen,
das ist Geschicklichkeit,
sagen die Montenegriner.

Geschmacksache
Den einen lacht der Käse an,
der andere fällt davon in Ohnmacht.

Gestohlene Kirschen
schmecken besonders süß.

Verbotene Speise schmeckt
am besten.

Über Geschmack läßt sich streiten,
sagte der Kater,
und leckte sich am Arsch.

Geschmack, vulgärer
Eine Sau läßt die Perlen liegen,
und frißt einen Dreck dafür.

Geschwätzigkeit
Weibermund hat keinen Sonntag,
sagt man in Togo.

Verbiet' den Frauen das Reden
und sie sterben alle in acht Tagen,
sagen die Österreicher.

Geselligkeit
Der beste Wein
schmeckt nicht gut allein.

Gesellschaftsordnung
Besser Hammer als Nagel.

Wer nicht hat, was er will,
muß wollen, was er hat,
sagen die Chinesen.

Gesellschaftsspiel
Katzen und Frauen
verschlingen allzeit Ratzen und Mannsleut,
wenn sie sie kriegen können,
sagt man in Luxemburg.

Gesetzgebung
Viel Gesetz,
viel Übertretung.

Je mehr Gesetz, je weniger Recht.

Gesundheit
Es geht nichts über einen gesunden Durst.

Ein gesunder Liebhaber ist besser
als ein kranker Ehemann,
sagt man in Ägypten.

Gesundheitsvorsorge
Es gibt mehr alte Weintrinker
als Ärzte.

Den Kopf halt kühl, die Füße warm,
das macht den besten Doktor arm.

Gott bewahre uns vor der
Gesundheit der Deutschen
und der Krankheit der Franzosen.

Besser Hammer als Nagel

Wenn zwei beieinander liegen,
wärmen sie sich.

Zweimal des Tags essen,
zweimal des Nachts pissen,
zweimal die Woche vögeln,
zweimal im Jahr Urlaub,
das hält gesund,
sagen die Schweizer.

Nach der Gesundheit leben,
ist ein elend Leben.

Augen zu, Arsch auf,
gibt einen gesunden Lebenslauf.

Wer lange hustet,
lebt lang,
sagen die Isländer.

Gewalt

Gewalt nimmt dem Armen seine
Decke,
sagten die Römer.

Gewalt gegen Frauen

Dem besten Weib tut
wie dem bösen der Stachel gut,
sagen die Flamen.

Wenn ein Mann seine Frau schlägt,
so klopft der Teufel den Takt.

Gewissen

Steck deine Hand in anderer Gewissen,
zieh sie heraus,
sie ist beschissen,
sagt man in Litauen.

Gier

Kinderhand und Sautrog
müssen immer voll sein.

Pfaffengier und Gottes
Barmherzigkeit währen ewig.

Des Priesters Sack
und der Hölle Abgrund
werden niemals voll,
sagt man in Estland.

Gleichheit

Wenn der Tod kommt,
hat der Reiche kein Geld
und der Arme keine Schulden,
sagen die Leute auf Kreta.

Die Zarin muß sich auch krümmen,
bevor der Großfürst geboren ist,
sagen die Russen.

Das Leben des Papstes
besteht auch nur aus Jahren.

Auch dem Kaiser scheißt die Fliege
auf die Nase.

Scheiße bleibt Scheiße,
selbst wenn sie vom Papst ist,
sagte die Klofrau.

Glück

Dumm geboren
und nichts dazu gelernt,
ist die halbe Glückseligkeit,
sagen die Araber.

Auch dem Kaiser scheißt die Fliege auf die Nase.

Je krümmer das Holz,
je besser die Krücke,
je ärger der Schelm,
je besser das Glücke.

Gnade

Gnade geht vor Recht.

Gockel

Der dürrste Hahn ist der beste Gockel.

Gott

Gott besucht uns oft,
aber wir sind meistens nicht zu
Hause.

Gott ist nicht sündenlos,
er erschuf die Welt,
sagen die Bulgaren.

Du mußt ein guter Kerzenmacher
sein, wenn du Gott eine
wächserne Nase drehen willst.

Gott hat seiner Mutter
nicht alles gesagt,
sagen die Basken.

Zu Gott humpelt man,
zum Teufel springt man,
sagen die Dänen.

Gott hätte viel zu tun,
wenn er alles so genau nehmen wollte,
sagen die Italiener.

Wer da trinket guten Wein,
dem schauet Gott ins Herz hinein,
sagen die Franzosen.

Wenn Frauen gut wären,
würde der liebe Gott
eine genommen haben.

Gott schuf das Böse,
damit die Hölle nicht leersteht,
sagt man in Georgien.

Gottes Segen

Der Schafsmist geht über den
Segen Gottes,
sagen die Sarden.

Gottes Wort

Da haben wir Gottes Wort
schwarz auf weiß,
sagte der Gutsherr,
und setzte den Pastor auf den
Schimmel,
sagt man in Holstein.

Was Gott zusammengefügt hat,
braucht der Schreiner nicht zu leimen.

Gotteslohn

Gott hat alle Hände voll zu tun,
um die faulen Beter zu nähren.

Der Herr gibt es den Seinen im Schlaf.

Gourmet
Weinender Käse,
äugiges Brot und springender Wein,
sollen vortrefflich sein,
sagen die Katalanen.

Grazie
Grazie geht nackt,
sagten die alten Griechen.

Greis
Ein verliebter Greis ist ein junger
Narr.

Ein Greis, der sich
mit einer jungen Frau trauen läßt,
mag bald nach seinem Sarg schauen.

Grenzen der Macht
Könnte die Zarin aus dem
Schoß der Kammerfrau gebären,
sie täte es.

Großen, die
Der Großen Fehler sind nicht klein,
sagen die Holländer.

Wenn kleine Leute sich hoch setzen,
erscheinen sie auch groß.

Große Fliegen durchbrechen das Netz,
kleine werden gefangen.

Großmaul
Reiß dein Maul nicht zu weit auf,
sonst wird dein Herz kalt.

Großmut
Wenn sie einen auch besudelt,
man verklagt keine Sau,
sagten die Römer.

Großzügigkeit
Wer gerne gibt,
fragt nicht lange,
sagte der Stockmeister.

Gruppendynamik
Gähnen und Unsinn
stecken in Gesellschaft an,
sagen die Kreter.

Habsucht
Der Advokaten Beutel und der Hölle
Rachen sprechen nie:
Es ist genug,

sagen die Italiener.

Harmonie
Scheide und Degen
sollen ineinander passen,

sagen die Franzosen.

Hausfrau
Dir Frau, die zuhause bleibt,
erscheint gering,
sie tut aber große Ding.

Hausrecht
Die Krabbe ist in ihrem Loch
ein großer Herr,

sagt man in Malta.

Hauswirt
Mit einem plärrenden Kind
und einem Hausbesitzer
wird man nie fertig.

Hautevolee
Weiße Händchen
lieben die Arbeit der anderen,

sagen die Kubaner.

Allzu fein ist eitel Schein.

Heilige
Wenn Hunger im Lande ist,
werden es auch die Heiligen gewahr,

sagen die Iren.

Heilmittel
Das Bett ist Medizin,

sagten die Römer.

Heimtücke
Das sind die rechten Katzen,
die vorne lecken und hinten kratzen,

sagten die Römer.

Herkunft
Immer bleibt der Aff' ein Affe,
werd' er König oder Pfaffe.

Wenn der Hund gebadet ist,
wälzt er sich im Dreck,

sagen die Engländer.

Die Sau
fühlt sich im Dreck am wohlsten,

sagten die Römer.

Heuchler
Der Erben Tränen
sind ein verdecktes Lachen.

Lachenden Wirten und weinenden
Bettlern ist nicht zu trauen.

Zweien ist nicht zu trauen:
Lachenden Witwen und weinenden
Bettlern.

Hirnlosigkeit
Wer kein Hirn hat,
kann auch keins verlieren,

sagen die Juden.

Hochnäsig

Was hilft es,
die Nase hoch zu tragen,
wenn der Arsch bloß ist.

Höflichkeit

Lieber eine glatte Lüge
als eine ungefällige Wahrheit,
sagen die Araber.

Humanität

Baue nicht hundert Kirchen,
sondern sorge für hundert
Waisenkinder,
sagen die Russen.

Es ist keiner nichts
und keiner alles.

Hunde

Wer den Hund in den Arsch greift,
wird von der einen Seite gebissen
und von der anderen beschissen,
sagen die Finnen.

Hunde beißen keine Einheimischen,
solange sie Fremde haben,
sagen die Sizilianer.

Wo viele Hunde sind,
ist auch viel Hundedreck.

Hundsfurz

Wer keinen Hundsfurz riechen kann,
soll auch kein Wildbret essen,
sagen die Schotten.

Hunger

Es ist kein Wunder, daß einer hungert,
wenn er lange nicht gegessen hat,
sagen die Holländer.

Wind ums Maul ist ein schlechtes
Frühstück,
sagen die Zigeuner.

Hunger lehrt das Maul auftun,
sagen die Franzosen.

Hunger ist ohne Scham.

Aus Hunger stehlen,
ist kein Unrecht,
sagten die Römer.

Huren

Huren haben oft fromme Kinder,
sagten die Römer.

Wer einer Hure eine Bibel schenkt,
schenkt Papier,
sagen die Niederländer.

Daunenfedern, Huren und gute
Ratgeber
sind drei leichte Waren,
sagt man in Spanien.

Bist du Hur, bist du Dieb,
hast du Geld, bist du lieb,
sagten die Römer.

Bei Huren und bei Tisch
darf man nicht schüchtern sein,
sagen die Amerikaner.

Husten

Junge Huren, alte Betschwestern,

sagen die Briten.

Husten

Liebe und Husten
lassen sich nicht verbergen.

Daunenfedern, Huren und gute Ratgeber sind drei leichte Waren.

Image
Wer den Ruf des Frühaufstehers hat,
kann getrost den ganzen Morgen
im Bett bleiben,
sagen die Holländer.

Indiz
Man sieht's an den Windeln,
wenn das Kind geschissen hat,
sagen die Italiener.

Information, gezielte
Ein Hund riecht dem andern nicht
ins Maul,
sondern unter den Schwanz,
sagen die Kirgisen.

Instinkt
Der Kater freit allzeit um die Maus,
die aber will nicht Braut sein.

Intelligenz
Nicht alle, die dreschen,
haben Stroh im Kopf,
sagt man in den USA.

Interview
Gut fragen heißt viel wissen.

Introvertiert
Kater, die nicht viel miauen,
sind die besten, sagen die Frauen.

Investition
Bauen ist ein süßes Armmachen.

Wer besticht,
will sein Geld nicht verlieren,
sagten die Römer.

Irrtum
Irren ist menschlich,
sprach der Hahn
und trat die Ente.

Arbeit ist Irrtums Lohn.

Irrtum, standesgerechter
Wo der Gelehrte irrt,
begeht er einen gelehrten Irrtum,
sagen die Araber.

Der Kater freit allzeit um die Maus, die aber will nicht Braut sein.

Ein Bauer zwischen zwei Advokaten ist wie ein Fisch zwischen zwei Katzen.

Jahreszeiten
Segeln und Kegeln
sind die drei schönsten Jahreszeiten.

Journalismus
Schwiegermütter und die Presse
haben eine lose Fresse,
sagen die Engländer.

Unflat rühren erzeugt Gestank,
sagen die Rumänen.

Juristen
Advokatenzungen müssen
mit Gold geschmiert werden.

Ein Bauer zwischen zwei Advokaten
ist ein Fisch zwischen zwei Katzen,
sagen die Potugiesen.

Advokaten treiben es wie Kutscher,
sie halten die Hand auf,
bevor sie starten,
sagen die Briten.

Gott sandte die Streitsucht,
auf daß die Advokaten zu leben
haben,
sagen die Spanier.

Bis die Hölle voll ist,
wird kein Advokat gerettet werden,
sagen die Franzosen.

Advokaten und Soldaten
sind des Teufels Spielkameraden,
sagen die Vietnamesen.

»Die Tugend in der Mitte«,
sagte der Teufel
und setzte sich zwischen zwei Juristen,
sagt man in Dänemark.

Advokaten — Schadvokaten.

Der Teufel scheißt immer auf den größten Haufen.

Kälte
Nase des Hundes,
Ellbogen des Mannes
und des Mädchens Knie
sind immer kalt,

sagen die Iren.

Kapitalbeschaffung
Betteln ist besser als borgen,

sagen die Slowenen.

Kapitalismus
Das Schaf mußt du scheren,
solange es Wolle hat,

sagen die Engländer.

Der Teufel scheißt immer auf den
größten Haufen.

Wenn Sack kommt,
kann Beutel gehen,

sagen die Finnen.

Geld stinkt nicht.

Viele haben zuviel, aber keiner genug,

sagt man in Portugal.

Kapitalist
Je mehr ein Reicher und ein
Aschenbecher ansammeln,
um so schmutziger werden sie,

sagt man in Japan.

Karriere
Aus einer kleinen Sau
wird bald eine große.
Man fängt als Betrogener an
und endet als Betrüger,

sagen die Franzosen.

Wer nie lügt,
wird nie groß,

heißt es in Afrika.

Je höher der Affe steigt,
desto mehr zeigt er seinen kahlen
Arsch,

sagt man in Indonesien.

Wer zu hohen Würden will gelangen,
muß sich bücken und in den Beutel
langen,

sagen die Tschechen.

Ein junger Heiliger —
ein alter Teufel.

Man muß das Schamhütlein abnehmen,
wenn man zu etwas kommen will,

sagen die Slowaken.

Wer ein Lump werden will,
werde erst Schöffe,

sagen die Österreicher.

Kater
Einen Affen bringt man mit nach Haus,
und morgens wird ein Kater draus.

Katze
Wer Katzen liebt,
bekommt eine schöne Frau,

sagen die Perser.

Katz, Katz, Butterweck,
schneid dem Pfaff den Zipfel weg,
sagt man in Böhmen.

Die Katze läßt das Mausen nicht.

Katzen fressen Mäuse,
sagen die Rumänen.

Kaufleute

Wer kein freundliches Gesicht hat,
darf keinen Laden aufmachen,
sagen die Chinesen.

Kaufmannschaft erlaubt keine Freundschaft,
sagte man in Venedig.

Kaufleute betrügen selbst ihre eigene Mutter,
sagen die Tschechen.

Wenn der Kaufmann preist den Wein,
wird es guter Essig sein,
sagen die Ungarn.

Des Kaufmanns Ansehen richtet sich
nach dem Umfang seiner Börse.

Der ist kein Kaufmann,
der nicht Mäusedreck für
Pfeffer verkaufen kann.

Die Klage ist der Gruß des Kaufmanns,
sagen die Perser.

Mit schönen Worten
verkauft man schlechte Waren.

Kumpanei ist Lumperei.

Kausalgesetze

Wer der Geburt nicht entgangen ist,
entgeht dem Tode nicht,
sagen die Litauer.

Große Kirchen — fette Pfaffen,
sagt man in Spanien.

Wenn der Arsch zuschnappt,
hat das Maul Feierabend,
sagen die Österreicher.

Wem der Birnenmost mundet,
dem stinken die Hosen,
heißt es in Schwaben.

Wer in der Oder ertrunken ist,
dem schadet die Ostsee nicht mehr.

Kavaliersdelikt

Reiten und rauben ist keine Schande,
es tun die Edelsten im Lande.

Keuschheit

Weiber
werden im sechzigsten Jahr keusch,
Nonnen im siebzigsten,
sagt man in Österreich.

Alle Mädchen sind Jungfern,
solange sie der Bauch nicht verrät.

Große Kirchen — fette Pfaffen.

Keuschheit und Schönheit
liegen schon lange im Streit.

Sie ist keusch —
weil sie keiner begehrt,
sagten die Römer.

Wenn das Zärlein geil ist,
findet er unter den Keuschsten seine Buhlen,
sagen die Russen.

Schöne Leute sind selten keusch.

Kinder

Die Kinder sind das Knopfloch
der Eintracht,
sagen die Flamen.

Kinder und Gläser hat man nie zuviel,
sagen die Tschechen.

Unsere Kinder sind unsere Plage,
sagen die Iren.

Wenn Kinder sterben,
werden's Engel,
sagt man in Österreich.

Wenn Kinder still sind,
haben sie etwas angestellt,
sagen die Briten.

Wer Kinder hat, hat Dreck,
wer Schweine hat, hat Speck,
sagt man in Ungarn.

Wer mit kleinen Kindern zu Bett geht,
steht beschissen auf.

Kinder, uneheliche

Zu Kindern kommen die Maiden
leichter als zu Männern,
sagen die Schweden.

Kinderglück

Kleine Kinder und Kuchenteig
haben es gern warm,
sagen die Wallonen.

Kinderliebe

Das Alter geht vor,
sprach Eulenspiegel
und stieß seine Mutter die Treppe hinunter.

Die Liebe des Kindes
ist wie Wasser in einem Korb,
sagen die Chinesen.

Wenn die Kinder heiraten,
gehören die Eltern geschlachtet,
heißt es in Schottland.

Kindersegen

Ein alter Kerl und eine junge Frau,
das gibt eine Herde Kinder,
sagt man in Polen.

Kinderstube, gute

Einem geschenkten Barsch
schaut man nicht hinter die Kiemen.

Kirche

Die Kirche ist kein Frosch,
sie hüpft nicht davon.

Eine Fliege ist ein kleines Ding und macht oft großen Verdruß.

Vernunft ist gut,
sagte der Pastor,
nur nicht in der Kirche.

Kirche, römische
Gute Pferde und schlechte Menschen
werden in Rom nicht besser,
sagen die Spanier

Kirchenbesitz
Das schönste Weib,
das schönste Haus,
das schönste Land
sind stets in Pfaffenhand.

Klassenspezifisch
Ich wollte eher Käse und Brot essen
als Hungers sterben,
bemerkte die gnädige Frau leutselig,
sagt man in Frankreich.

Wer hat, was er will, der frißt,
was er mag,
sagen die Schweizer.

Klassenbewußtsein
Wo Hunde Pisse riechen,
heben sie das Bein,
sagen die Tibeter.

Kleinen, die
Ein Floh kann einem Löwen
mehr zu schaffen machen
als ein Löwe dem Floh.

Kleiner Mann — großes Herz,
sagen die Franzosen.

Viele Mücken bezwingen den
Elefanten.

Die Kleinen hängt man,
und die Großen läßt man laufen.

Auch kleine Leute
können lange Schatten werfen,
sagen die Korsen.

Kleine Fliegen
stechen auch große Leute,
sagen die Kubaner.

Eine Fliege ist ein kleines Ding
und macht doch oft großen Verdruß.

Auch Fliegen werfen Schatten,
sagt man in Afrika.

Klima
Ideales Klima gibt es nur im Bett,
sagen die Amerikaner.

Klugheit
Nimm eine Frau aus der Nähe,
aber stiehl in der Ferne,
sagen die Tschechen.

Kommunikation
Alle Glieder am Menschen
sind Zungen.

Kopfbedeckung
Der Mann ist das Haupt der Familie,
und die Frau ist der Hut darauf,
sagen die Juden.

Heißer Brei auf einem kahlen Kopf ist ein unleidlich Ding.

Heißer Brei auf einem kahlen Kopf
ist ein unleidlich Ding.

Kopfzerbrechen, übertriebenes
Obwohl sie
nicht hundert Jahre alt werden,
bereiten sich die Menschen Sorge für
tausend Jahre,
sagen die Chinesen.

Kredit
Wer nicht leiht,
verliert die Freunde,
und wer leiht,
macht sich Feinde,
sagen die Engländer.

Kredithaie
Nicht alle Wucherer sind Wechsler,
aber alle Wechsler sind Wucherer,
sagen die Engländer

Kriecherei
Was den Großen in den Arsch kriecht,
findet sich in der Scheiße wieder,
sagen die Russen.

Kriminalität, legale
Ungestraft töten
kann dich nur ein Arzt,
sagen die Italiener.

Diejenigen, die Gesetze machen,
verstehen sich darauf,
sie zu brechen,
sagen die Bantu.

Krisenbewältigung
In der Not
frißt der Teufel Fliegen.

In der Not nennt man das
Schwein Onkelchen,
sagen die Polen.

Eine Notlüge schadet nicht.

Kritisch
Die Katze leckt nicht jeden Bart.

Künstler
Bierfiedler sind auch Söhne der
Musen.

Kuß
Ein aufgezwungener Kuß,
ist wie ein Hühnerauge am Fuß,
sagen die Holländer.

Geküßter Mund wird nicht wund.

Kuhmist
Der Kuhmist wird breit,
wenn man darauf tritt,
sagen die Schweizer.

Weinend Kind läßt das Maul hängen.

Langeweile
Wer die Arbeit erfunden hat,
muß zuwenig zu tun gehabt haben.

Laune, gute
Bei einer jungen Frau und altem Wein
ist's gut fröhlich sein.

Laune, schlechte
Weinend Kind läßt das Maul hängen,
sagt man in Tirol.

Lauschangriff
Wände haben Ohren.

Wer hinter der Türe steht,
bekommt leicht eine Beule,
sagen die Franzosen.

Leben
Je weiter das Auge,
je enger das Leben.

Lebensdauer
Gebrechliche Leute leben am längsten,
sagen die Schweizer.

Lebenshilfe
Wer nichts zu zanken hat, der heirate,
sagen die Engländer.

Lebenskunst
Alt werden, das ist Gottes Gunst,
jung bleiben, das ist Lebenskunst.

Heirate in Eile
und bereue mit Muße,
sagen die Engländer.

Wenn müßiggehen und arbeiten
egal sind, so gehe lieber müßig.

Ohne Bett
liegt man auf Stroh ganz nett.

Wer an den Tod denkt,
fängt an zu leben,
sagen die Inder.

Lebenslust
Essen und Trinken
hält Leib und Seele zusammen.

Lustig gelebt und selig gestorben,
heißt dem Teufel die Rechnung
verdorben.

Sich einen Spaß leisten
ist mehr wert, als sechs Pfennige
in der Tasche zu behalten.

Wer sich heute freuen kann,
soll nicht bis morgen warten.

Was geht mich der Weltlauf an,
froh gelebt ist wohl getan.

Man muß die Welt genießen,
solange es geht,
sagen die Ungarn.

Gesuchte Liebe ist gut, gefundene besser.

Gut gefressen und gesoffen
vorm End'
macht ein leichtes Testament,
sagen die Schweizer.

Lebenstüchtigkeit
Was in den falschen Hals rutscht,
muß man heraushusten.

Kinder, die oft etwas finden,
sind nicht selten gewitzte Diebe,
sagen die Iren.

Kinder, die schreien,
am besten gedeihen.

Je ärger der Schalk,
je größer sein Glück,
sagen die Schweden.

Mit dem Strom schwimmen ist gut,
geschickt untertauchen ist besser,
sagt man in Vietnam.

Lehrer
Wer lehren will,
findet überall eine Schule.

Ein Lehrer kann viel verderben.

Kein Lehrer donnert mit Nutzen,
dessen Leben kein Blitz ist.

Wer andere lehrt,
lehrt sich selbst.

Guter Wein lehrt lustig sein.

Lehrer ohne Leben
sind wie Wolken ohne Regen,
sagen die Iren.

Junge Lehrer und unreife Trauben
sind selten gesund.

Leichtsinn
Der Leichtsinnige
hängt sein Gewissen
an den hohen Nagel,
sagen die Franzosen.

Wem es wohl geht,
der wallfahrtet nicht zu den Heiligen,
sagen die Italiener.

Leistungsgesellschaft
Wer gut verdient, strengt sich nicht an;
wer sich anstrengt, verdient nicht gut,
sagen die Chinesen.

Leser
Vorwitzige Leser
durchpflügen die Buchseiten
wie Säue die Rübenäcker.

Leute, fromme
Fromme Leute sind leicht zu regieren,
sagten die Römer.

Fromme Leute
müssen täglich Lehrgeld zahlen,
sagen die Holländer.

Selbst ein Elefant verwickelt sich in ein Frauenhaar.

Leute, junge
Junge Leute wissen alles besser,
sagten die Römer.

Leute, kleine
Kleiner Leute wegen
ist noch nie eine Schlacht
geschlagen worden,
sagen die Litauer.

Kleine Leute haben oft großen Durst,
sagen die Franzosen.

Libido
Wenn Venus die Alten verläßt,
kehren sie bei Bacchus ein.

Liebe
Der eine liebt den Herrn Pfarrer,
der andere seine Frau,
sagen die Dänen.

Ohne Brot und ohne Wein
friert die Liebe ein,
sagen die Griechen.

Die Liebe gleicht einem Ring;
und der Ring hat kein Ende.

Liebe ist Egoismus zu zweit.

Liebe lehrt die Esel tanzen.

Liebe kann kein Wasser ersäufen.

Gesuchte Liebe ist gut,
aber gefundene ist besser,
sagen die Araber.

Liebe und Windbeutel
kriegt man bald satt,
sagen die Schweizer.

Liebe und Eier muß man frisch genießen,
sagen die Perser.

Selbst im Traum ist die Liebe schön,
sagen die Tschechen.

Kein Wein, keine Liebe,
sagt man in Siebenbürgen.

Liebe, blinde
Der Verliebte hält blaue Flecken
für blaue Augen.

Die Liebe ist blind;
wer's nicht glaubt, sieht nichts.

In den Augen der Liebenden
werden Pockennarben zu Grübchen,
sagen die Japaner.

Es gibt nur ein gutes Weib im Land,
und jeder glaubt, er hat es,
sagen die Engländer.

Liebe, heimliche
Viele Dinge sind schwer zu verheimlichen:
Jucken, Husten, Liebe,
sagen die Polen.

Dem Lüstling ist ein Weib ohne Hemd nicht nackt genug.

Man küßt oft das Kind
und meint die Mutter.

Liebe, heiße
Heiße Liebe gibt heiße Fürze,
sagen die Schweizer.

Liebe, späte
Die Herren, auf denen Gras wächst,
sind die besten,
sagen die Iren.

Liebeskrank
Liebe und Pocken,
je später sie kommen,
je heftiger wüten sie,
sagt man in Italien.

Liebe ist ein Leiden,
das man nur zu gern haben möchte.

Liebesleid
Liebe
fällt nicht immer auf Rosenblätter,
oft landet sie auch auf Kuhfladen.

Liebe beginnt mit Küssen
und endet mit Schmissen,
sagen die Franzosen.

Lieblos
Man sucht
von Weibern und von Fischen
das Mittelstück gern zu erwischen,
sagten die Römer.

Wer nichts Besseres findet,
muß mit seiner Frau fürliebnehmen.

Liebesrausch
Wo Bacchus das Feuer schürt,
sitzt Frau Venus am Ofen.

Die Liebe macht verständige Leute
zu närrischen.

Wenn die Liebe den Kopf okkupiert,
hat der Verstand Feierabend.

Wer liebt, dem ist jeder
Tintenklecks eine Venus,
sagen die Italiener.

Liebesspiel
Was sich neckt, das liebt sich.

Linguistik
Die Liebe hat ihre eigene Sprache,
und die Ehe kehrt zur Landessprache
zurück,
sagen die Russen.

Lippen
Die Lippen einer Frau
sind das schönste Tor zu ihrer Seel',
sagen die Perser.

List
Weiberlist geht über
alle List,
sagen die Franzosen.

Logo
Lieber gesund und reich
als arm und krank.

Aus einem armen Arsch einen
reichen Dreck scheißen, geht nicht,
sagen die Dänen.

Nach Bratwürsten
braucht man im Hundestall
nicht zu suchen,
sagen die Tschechen.

Wenn die Zarin ihre Regel hat,
ist es auch kein Muskatellerwein,
der von ihr fließt.

Lokalverbot
Wer nicht trinkt,
hat in der Kneipe nichts zu suchen,
sagen die Iren.

Lügen
Alte und weitgereiste Leute
haben gut lügen,
sagt man in Japan.

Jeder lügt in den eigenen Sack,
sagen die Tschechen.

Lüge einer Frau — Mauer aus Granit;
Lüge eines Mannes — ein
Lehmfachwerk,
sagt man im Elsaß.

Lügen sind steuerfrei,
sagen die Russen.

Die Lüge bedarf gelehrter,
die Wahrheit einfältiger Leute.

Leugne frisch vorm Richtertisch,
sagten die Römer.

Lüstling
Dem Lüstling ist ein Weib ohne Hemd
nicht nackt genug,
sagen die Holländer.

Lust
Kinder zeugen ist keine Zwangsarbeit.

Wo Lust regiert,
ist die Liebe Königin,
sagen die Inder.

Wenn müßiggehen und arbeiten egal sind, dann gehe lieber müßig.

Die Männer sollen die Weiber ehren, sie können alle zusammen kein Kind gebären.

Macht
Selbst ein Elefant verwickelt
sich in einem Frauenhaar,
sagen die Chinesen.

Das ist ein mächtiger Mann,
der sich der Flöhe erwehren kann.

Besser eine Handvoll Gewalt
als ein Sack voll Recht,
sagen die Kirgisen.

Eine Handvoll Macht ist besser
als ein Sack voll Recht,
sagen die Spanier.

Macht, die der Weiber
Das Pferd leitet man am Zügel,
den Mann am Frauenhaar,
sagen die Araber.

Machtlosigkeit
Die Macht der Fürsten
hört im Zimmer ihrer Zofen auf,
sagen die Russen.

Mädchen, hübsche
Hübsche Mädchen und alte Röcke
bleiben überall hängen.

Mäzen
Geben ist ein guter Kerl,
aber er wird bald müde,
sagen die Schotten.

Der Teufel, wie bös er ist,
so ist er doch ein guter Geber,
sagten die Römer.

Manko
Ein kinderloses Ehepaar
gleicht einer Küche ohne Herd,
sagen die Norweger.

Wenn der Kater fehlt,
gebären drei Katzen nicht eine Maus.

Solange der Affe auf dem Arsch sitzt,
merkt man nicht, daß ihm der
Schwanz fehlt.

Mann
Jeder Mann ist der Sohn einer Frau,
sagen die Russen.

Drei Arten von Männern sind unfähig,
Frauen zu verstehen:
die jungen, die alten
und die mittleren Alters,
sagt man in Irland.

Adamsäpfel sind nie reif.

Der Zwerg ist so gut ein Mann wie
der Riese.

Wenn die Frauen nicht eitel wären,
die Männer könnten sie es lehren,
sagt man in Frankreich.

Die Männer sollen die Weiber ehren,
sie können alle zusammen kein Kind
gebären,
sagen die Polen.

Mannesehre
Wer sich vollsaufen kann,
das ist ein rechtschaffener Mann.

Männer, große
Der große Mann ist ein
öffentliches Unglück,
sagt man in China.

Make up
Wenn du den Arsch auch noch so
schön schminkst,
es wird doch kein Gesicht daraus,
sagen die Franzosen.

Malerei
Geschissen ist nicht gemalt,
sagten die Römer.

Marktwirtschaft
Die nicht den Betrug verstehn,
müssen nicht zum Markte gehn,
sagen die Araber.

Einem nackten Mann
kann man nicht in die Taschen
greifen.

Wenn Kinder zum Markt gehen,
freuen sich die Kaufleute,
sagen die Türken.

Ohne Lüge kein Markt,
sagen die Tschechen.

Wer einen Arsch hat, findet auch
einen Platz zum Sitzen,
sagen die Georgier.

Wer seinen Arsch verleiht,
muß durch die Rippen scheißen.

Marode
Aus faulen Käsen kommen die Maden.

Maß, zweierlei
Mancher kann die Fliege
an der Wand nicht ausstehen
und hat doch lauter Mücken im Hirn.

Maßlosigkeit
Weiberliebe und Weiberhaß
kennen kein Maß.

Masse
Masse tut's nicht, sagte die Amme.

Matriarchat
Weiberreichtum — Männersklaven,
sagen die Portugiesen.

Die Welt dreht sich wunderbar,
wenn die Frau den Mann in der
Gewalt hat,
sagen die Wenden.

Maul, böses
Ein böses Maul läßt die Rosen stehen
und bricht die Dornen.

Mensch
Woraus besteht der Mensch?
Aus Körper, Seele und Paß.

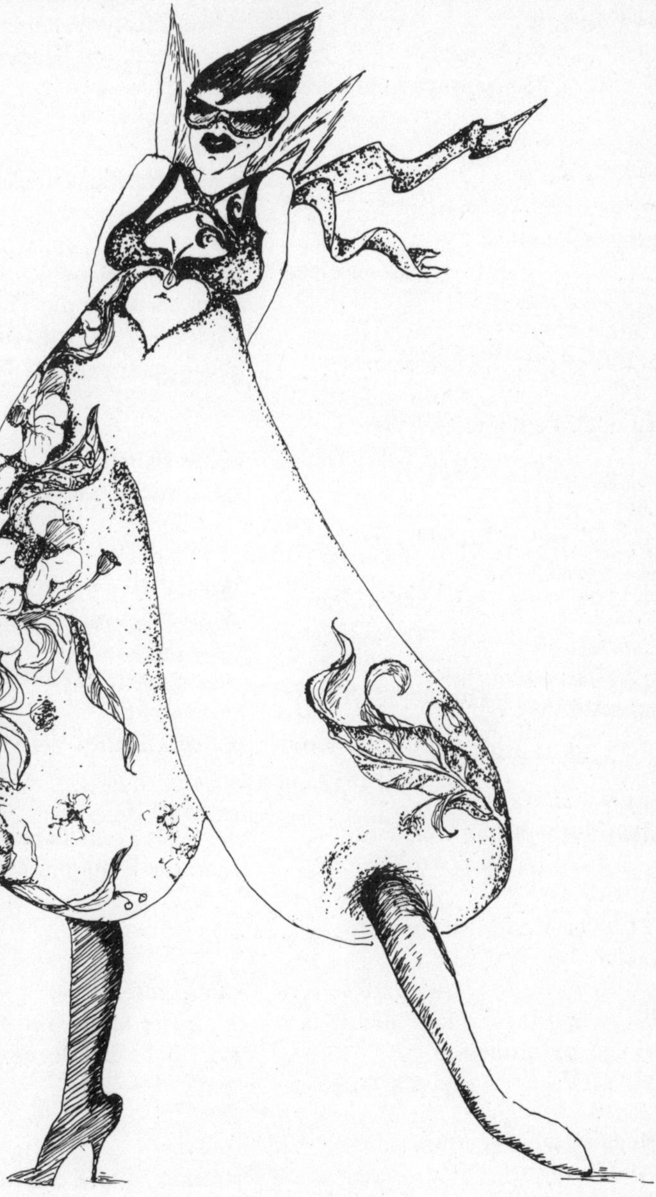

Eine alberne Frau erkennt man am Kleide.

Menschen, böse
Böse Menschen tun oft
hochlöbliche Taten,
sagten die Römer.

Menschen, dumme
Je dümmer der Mensch,
um so größer sein Glück,
sagen die Inder.

Menschen, engherzige
Mit engherzigen Menschen
und engen Schuhen
ist der Umgang beschwerlich,
sagen die Dänen.

Menschen, gute
Es gibt zwei gute Menschen:
der eine ist tot,
und der andere ist noch nicht geboren,
sagen die Polen.

Besser auf Raub gehen
mit guten Menschen
als beten mit schlechten,
sagen die Portugiesen

Menschenfreunde
Soldaten sind mildtätige Leute:
ihnen haben wir viele Armenhäuser
zu verdanken.

Menschenführung
Eine hübsche Wirtin zügelt mehr Gäste
als sieben rotköpfige Kellner,
sagt man in Österreich.

Menschenrecht
Besser zehn Schuldige lossprechen,
als einen Unschuldigen verdammen.

Menschliches
Wer nicht eine Ader von Narrheit hat,
ist kein Mensch.

Gott hört nichts lieber
als das Geschrei
nach seiner Barmherzigkeit,
sagen die Sizilianer.

Menschen und Knackwürste
gehen paarweise.

Milch
Guter Wein ist der Alten Milch.

Militär
Denken unterm Tornister
ist ein Verbrechen, das wißt'r.

Gutes Eisen
benutzt man nicht für Nägel,
und gute Männer werden nicht
Soldaten,
sagen die Chinesen.

Töte einen, und du bist ein Mörder!
Töte Tausende, und du bist ein Held.

Toter Mann führt keinen Krieg.

Soldaten sind des Teufels
Spielkameraden.

Eine Mutter ist wie ein Mehlsack: solange man daran klopft, staubt er.

Mimikry
Wer sich grün macht,
den fressen die Ziegen,
sagen die Friesen.

Mißtrauen
Wenn ein Betrüger dich umarmt
und küßt, so zähl gleich deine Zähne.

Mißgunst
Der Topf nennt den Kessel
Schwarzarsch.

Mitgift
Ein Mann von Stroh,
will ein Weib mit goldenem Popo.

Eine arme Frau kann dich genauso
quälen wie eine reiche,
sagte der Freier,
als er sich nach der Mitgift erkundigte,
sagen die Juden

Mitläufer
Wer sich an den Schwanz hält,
ist nicht weit vom Arsch.

Mode
Seide wurde erfunden,
damit die Frauen nackt in Kleidern
gehen können,
sagen die Araber.

Folge der Mode
oder verlaß die Welt,
sagen die Franzosen.

Narren erfinden die Moden,
und die Vernünftigen machen sie nach.

Ich mache die Mode,
sagte der Schneiderjunge
und nähte einen Hanswurst zusammen.

Modetussi
Eine alberne Frau
erkennt man am Kleid.

Moral
Wo Keuschheit nicht Mode ist,
ist Ehebruch keine Schande,
sagen die Russen.

Lieber Schande als Schaden,
sagen die Schotten.

Je geiler die Sau,
je mehr spielt sie sich auf,
sagen dic Ungarn.

Morgenstund
Morgenstund hat Blei im Arsch.

Multifunktion
Teure Arznei hilft immer,
wenn nicht dem Kranken,
so doch dem Apotheker.

Muße
Besser gut ausruhen
als schlecht arbeiten.

Wer nicht faulenzen kann,
kann auch nicht richtig arbeiten,
sagen die Italiener.

Die Zeit am besten angewandt,
ist die, die man verschwendet,
sagen die Inder.

Besser totgeschlafen,
als totgelaufen.

Mutter
Vorsicht ist die Mutter der Porzellankiste.

Geile Mütter, feile Töchter,
sagt man in Holland.

Mütter, alleinstehende
Wenn die Äbtissin ein Kind hat,
so hat jede Nonne zwei,
sagt man in Frankreich.

Mutterliebe
Jede Sau nennt ihre Ferkel schön.

Zuviel Mutterliebe schadet den Kindern.

Die Mutter zwängt den Kindern
die Brust ein,
aber nicht den Verstand.
sagen die Litauer.

Eine Mutter ist wie ein Mehlsack,
solange man daran klopft,
so staubt er.

Mutter, es friert mich! —
Scheiß Kohlen und wärm dich!

Besser gut ausruhen als gut arbeiten.

Nachbarschaft
Man kann Gott leichter betrügen
als seinen Nachbarn,
sagen die Griechen.

Lüge und Wahrheit sind Nachbarn.

Nachrede
Verleumde nur fleißig,
etwas bleibt immer hängen,
sagt man in Italien.

Nacht
Nachts sind alle Katzen grau.

Für Katzen und Frauen
sind die Nächte das Beste vom Tage,
sagen die Norweger.

Je dunkler die Nacht,
je mehr Beulen am Kopf.

Nächstenliebe
Jeder ist sich selbst der Nächste.

Narr
Ein Narr sagt,
was andere nicht denken.

Der ist ein Narr,
der seinen Arzt zum Erben einsetzt,
sagen die Franzosen.

Narren sind meist die
gescheitesten Leute bei Hofe.

Naturgesetz
Du kannst dich drehen und wenden,
wie du willst,
der Arsch bleibt immer hinten.

Zu jedem Loch paßt ein Spund.

Ein jeder hat seine jede,
sagten die alten Griechen.

Netz, soziales
Der liebe Gott erhält uns alle,
manche von uns aber verdammt knapp,
sagt man in Schweden.

Neugier
Wer alles will wissen,
dem wird auf die Nas' geschissen.

Neureiche
Ein Schwein mit Ohrringen
bleibt immer noch ein Schwein,
sagen die Russen.

Nichts
Aus nichts wird nichts
und bleibt nichts,
sagen die Schweizer.

Nießnutz
Die Eltern bauen,
die Kinder wohnen,
sagen die Norweger.

Die Krähe entlaust den Büffel nicht,
um ihn zu säubern,
sondern um sich zu ernähren,
sagen die Kalmücken.

Der Mantel ist ganz neu, nur die Löcher sind alt.

Nonnen
Nonnen sind friedlich;
sie lieben das Schwert in der Scheide.

Die Nonnen fasten,
daß ihnen die Bäuche schwellen.

Arbeit schändet nicht,
sprach die Nonne
und wusch ein Paar Mönchshosen,
sagen die Italiener.

Nonsens
Das ist ein Hund von Pferd,
sagte der Junge
und ritt auf der Sau umher,
sagen die Flamen.

Der Mantel ist ganz neu,
nur die Löcher sind alt,
sagen die Iren.

Wenn du sehr alt werden willst,
mußt du beizeiten anfangen,
sagt man in Spanien.

Mit Hilfe des Wörtchens WENN
kannst du Paris in eine Flasche
stecken,
sagen die Franzosen.

Das Leben ist größtenteils gefährlich
und endet tödlich,
sagen die Araber.

Man schabt den Käse,
weil man ihn nicht rupfen kann,
sagt man in der Schweiz.

Man kann allzeit gesund sein,
wenn man nicht krank ist,
sagen die Italiener.

Zähne, Zange und Nachttopf:
wie reimt sich das zusammen? —
Mit den Zähnen kannst du beißen,
mit der Zange kannst du reißen
und in den Nachttopf kannst du
scheißen.

Arm sein ist keine Schande,
wenn man nur genug Geld hat.

Ist das Pferd auch noch so müde,
es geht stets vor dem Schweife.

Notstand
Not kennt kein Gebot.

Ich bin so hungrig, daß ich nicht weiß,
wo ich die Nacht schlafen soll,
sagte der Landstreicher
und bat den Wirt
um eine Maß Bier gegen den Durst.

Nützlichkeit
Der Geizige und das Schwein
sind zu nichts nütze,
ehe sie tot sind,
sagen die Ungarn.

Nuß, dumme
Wer als Nuß geboren ist,
muß sich das Knacken gefallen lassen,

Obrigkeit
Kleine Diebe hängt man,
vor den großen zieht man den Hut,
sagen die Italiener.

Der Herrschenden Wille
ist selten der Untertanen Lust,
sagen die Araber.

Arme Leute kriegen die Beulen,
wenn sich die Reichen keilen.

Offenheit
Sage mir, wo es dich juckt,
wenn du wünschst,
daß ich dich kratze!
sagt man in Burma.

Opportunismus
Man muß den Mantel nach
dem Winde hängen.

Was der Zar bezweifelt,
ist dem Kammerherrn unglaublich.

Wo es mir gutgeht,
da ist mein Vaterland,
sagten die Griechen.

Bete zu Gott, aber erzürne den
Teufel nicht,
sagen die Spanier.

Jedermann hält es mit den großen
Haufen,
sagen die Amerikaner.

Wenn der Teufel alt wird,
will er Mönch werden.

Organisationstalent
Faule Schäfer halten sich gute Hunde,
sagen die Amerikaner.

Wenn der Teufel alt wird, will er Mönch werden.

Pädagogik
Das Kind haßt den,
der ihm alles gibt, was es will,
sagt man im Sudan.

Strenge Zucht macht Kinder blöde,
sagen die Schweden.

Kinder verstehen Kinder am besten.

Kein Kind wird groß ohne Beulen.

Dummheit ist lernbar,
sagt man in der Schweiz.

Wer keinen Lehrer hat,
den belehrt die Zeit.

Ein Kind — Angstkind;
zwei Kinder — Spielkinder.

Ein guterzogenes Kind
ist eine Rechnung ohne Probe.

Wer sich zum Lernen läßt zwingen,
wird es im Wissen nicht weit bringen,
sagten die Römer.

Paradies
Den Unverschämten gehört auch das Paradies,
sagen die Juden.

Wenn man sich streng
an Vorschriften halten wollte,
kämen nur Narren ins Paradies,
sagen die Italiener.

Paradies, irdisches
Das Paradies findest du nur
in den Armen der Geliebten,
sagen die Araber.

Paragraphendschungel
Je mehr Recht, je mehr Betrug.

Passion
Kann der alte Kater auch nicht mehr mausen,
so liegt er doch immer noch gerne vorm Loch,
sagen die Bulgaren.

Pazifismus
Besser jemand zuschauen, der scheißt,
als einem, der schießt.

Perle
Am runzligen Halse trauert die Perle,
sagen die Spanier.

Man soll keine Perlen vor die Säue werfen,
sagten die Römer.

Pfaffen
Pfaff und Schalk
stecken in einem Balg,
sagen die Dänen.

Pfaffen — Affen.

Ehe sich der große gebückt, hat ihm der Kleine schon in den Arsch geguckt.

Pfaffen verbrennen die Finger
lieber an einem heißen Braten
als einem heißen Eisen.

Pfaffen sind Wohnhäuser
der Heuchelei.

Pferde
Wilde Pferde und lachende Wirte
sind gefährliche Bestien,
sagen die Kroaten.

Wilden Pferden und schönen Frauen
ist wenig zu trauen.

Pfiffigkeit
Zahlen lügen nicht,
aber Lügner können zählen,
sagen die Amerikaner.

Ehe sich der Große bückt,
hat ihm der Kleine schon in den
Arsch geguckt,
sagen die Polen.

Pharmaka
Wein stillt den Schmerz,
sagten die Römer.

Was Butter oder Whisky nicht heilen,
dafür gibt es keine Heilung,
sagen die Schotten.

Zarenscheiße ist auch kein Balsam,
sagen die Russen.

Phase
Ein junger Kerl
muß sieben Jahre lang ein Narr sein,
sagen die Italiener.

Philosophie
Wir zwei haben viel zu denken,
sagte die Laus,
die auf dem Kopf des Philosophen
nistete,
sagten die alten Griechen.

Pissen
Pissen ohne Furzen
ist wie Rom ohne Papst,
sagen die Italiener.

Plage
Bettelmönche sind Läuse,
die der Teufel unserem Herrgott
in den Adamspelz setzt.

Poesie
Wein ist der Poeten
heiliger Geist,
sagten die Römer.

Politik
Es schadet den Politikern nicht,
wenn sie einander Lügner und Diebe
nennen,
sagen die Italiener.

Politik: ein faules Ei —
wenn man es öffnet, stinkt es,
sagen die Basken.

Junge Leute im Rat
machen Unruh im Staat.

Der Zweck heiligt die Mittel,
sagten die Römer.

Lüge ist so gut wie Wahrheit,
wenn sie Nutzen schafft,
sagen die Engländer.

Polizei
Die Polizei sieht auf tausend Schritte,
wenn die Fliege Honig nascht,
aber den Ochsen nicht
in Nachbars Korn,
sagten die Römer.

Potenz
Ein guter Hahn wird selten fett,
sagt man in Kroatien.

Eine junge Frau und ein alter Knoll
gibt alle Jahr' die Wiege voll.

Aus einem alten Schwanz
wird kein frischer Hering,
sagen die Norweger.

Prämisse
Man kann kein Omelett machen,
ohne ein paar Eier zu zerschlagen.

Präsentation
Beim Kerzenschein, scheint die Geiß
ein schönes Fräulein zu sein,
sagt man in Sizilien.

Prinzip, ökonomisches
Im voraus bezahlte Leute
haben selten Zeit zur Arbeit.

Privileg
Die heimlichen Diebe
sind auf den Galeeren,
die öffentlichen Diebe residieren in
Palästen,
sagen die Franzosen.

Wohlgeboren und dumm
ist ein Privilegium,
sagen die Engländer.

Probelauf
Wähle deine Frau,
wenn sie mit dir im Bett liegt,
sagen die Schweden.

Promiskuität
Leichtlebige Herren
reiten gern auf Stuten,
die ihren Sattel zwischen den Beinen
tragen,
sagen die Ungarn

Profit
Worte füllen den Sack nicht.

Soldaten beten um Krieg,
Ärzte um Fieber,
sagen die Rumänen.

Aller Profit ist süß.

Bei großem Gewinn
ist großer Betrug.

Was Bettler einnehmen,
ist reiner Profit,
sagt man in England.

Prozeßfolgen
Nach einem Prozeß
ist die eine Partci nackt,
und die andere steht im Hemd da,
sagen die Serben.

Psychotherapie
Jede Seele ist getröstet,
sobald der Leib gesättigt ist,
sagt man auf Malta.

Guter Trank
vertreibt böse Gedanken,
sagen die Holländer.

Pünktlichkeit
Frauen und Suppen
soll man nicht warten lassen.
Sie werden sonst kalt,
sagen die Polen.

Qualität
Ein guter Betrüger fürchtet offene Augen nicht,
sagen die Tschechen.

Qualitätsbewußtsein
Den besten Käse benagen die Mäuse zuerst,
sagen die Dänen.

Was gut ist, holt der Teufel zuerst,
sagen die Siebenbürger Sachsen.

Rache
Rache ist Blutwurst.

Die Rache ist ein Gericht,
das man kalt verspeisen muß.

Rarität
Reiche Spieler
und alte Trompeter sind rar,
sagt man in Österreich.

Rationalisierung
So habe ich ein Bett weniger zu richten, sagte die Magd
und schlief bei ihrem Herrn.

Raucher
Ein guter Tabaktrinker —
ein alter Hosenstinker.

Realitätssinn
Denke, was du willst,
und iß, was du hast.

Ein Stück Brot in der Tasche
ist besser als eine Feder am Hut.

Schafmist geht über den Segen Gottes,
sagen die Sizilianer.

Wenn du leihst, erhoffe nichts,
sagen die Franzosen.

Realpolitik
Wenn der Zar die Pocken hat,
bekommt das Land Narben.

Ordnung regiert die Welt
und der Knüppel die Leute.

Rebellen
Wein und Weib machen den Weisen
zum Hitzkopf.

Der hungrige Hund
fürchtet keinen Stock,
sagen die Franzosen.

Recycling
Die Sau ist ein kunstreich Tier:
sie frißt alten Dreck
und macht frischen daraus,
sagen die Dänen.

Rechtsbeugung
Liebe geht vor Recht,
sagten die alten Griechen.

Das Gesetz ist ein Spinnengewebe:
es stört die Ratte nicht,
der Fliege aber wird es zum
Verhängnis,
sagen die Araber.

Redlichkeit
Willst du Schande haben,
sei ein redlicher Mensch,
sagen die Italiener.

Redseligkeit
Ein leerer Topf am meisten klappert,
ein leerer Kopf am meisten plappert,
sagt man in Tirol.

Franzosen und Frauen
können ohne Brot leben,
aber nicht, ohne zu reden.

Wein ist ein kühner Redner.

Guter Wein — lang Geschwätz,
sagt man in Schwaben.

Regeneration
Stinkender Dünger
macht den Boden jünger,
sagen die Slowaken.

Reichtum
Lieber ein Bettler mit gesunden Beinen
als ein Reicher mit goldener Krücke,
sagen die Japaner.

Reihenfolge
Man kann nicht mit dem Arsch
zuerst durch die Tür rennen,
sagen die Portugiesen.

Alles zu seiner Zeit,
sprach der weise Salomon,
zu seiner Zeit essen,
zu seiner Zeit trinken
und zu seiner Zeit an den Schwanz
langen,
sagen die Iren.

Reinigungspersonal
Priester reinigen das Gewissen,
Ärzte den Leib
und Juristen den Beutel,
sagen die Ägypter.

Relativität
Einmal ist nicht oft
und zweimal nicht immer.

Das Böse zu seiner Zeit
ist auch gut.

Unglück verlängert das Leben,
Glück verkürzt es,
sagt man in Litauen.

Renitenz
Was den Leuten nicht paßt,
das treib ich,
und wo man mich los sein will,
da bleib ich,
sagen die Spanier.

Resistenz
Wer nicht in den Ofen will,
legt sich quer,
sagen die Bretonen.

Schelme und Katzen
fallen immer auf die Füße.

Einen Kranken, der glaubt,
gesund zu sein,
kann man nicht heilen,
sagen die Franzosen.

Gegen Zahnschmerzen, Ratten,
Wanzen und Jesuiten
gibt es hundert gute Mittel,
aber keines hilft.

Resonanz
Wenn die Sonne
auf den Misthaufen scheint,
so antwortet er mit Gestank.

Rhetorik
Die Zunge spricht am besten,
wenn sie angefeuchtet,
sagen die Serben.

Der ist der beste Redner,
der der Menschen Ohren
in Augen verwandelt,
sagten die alten Griechen.

Je mehr Tränen,
je schöner die Predigt.

Rezept
Auf einen bösen Grind
gehört eine scharfe Lauge,
sagen die Türken.

Rheuma
Je älter der Kater,
je steifer der Schwanz.

Risiko
Nahe dem Zaren, nahe dem Tod.

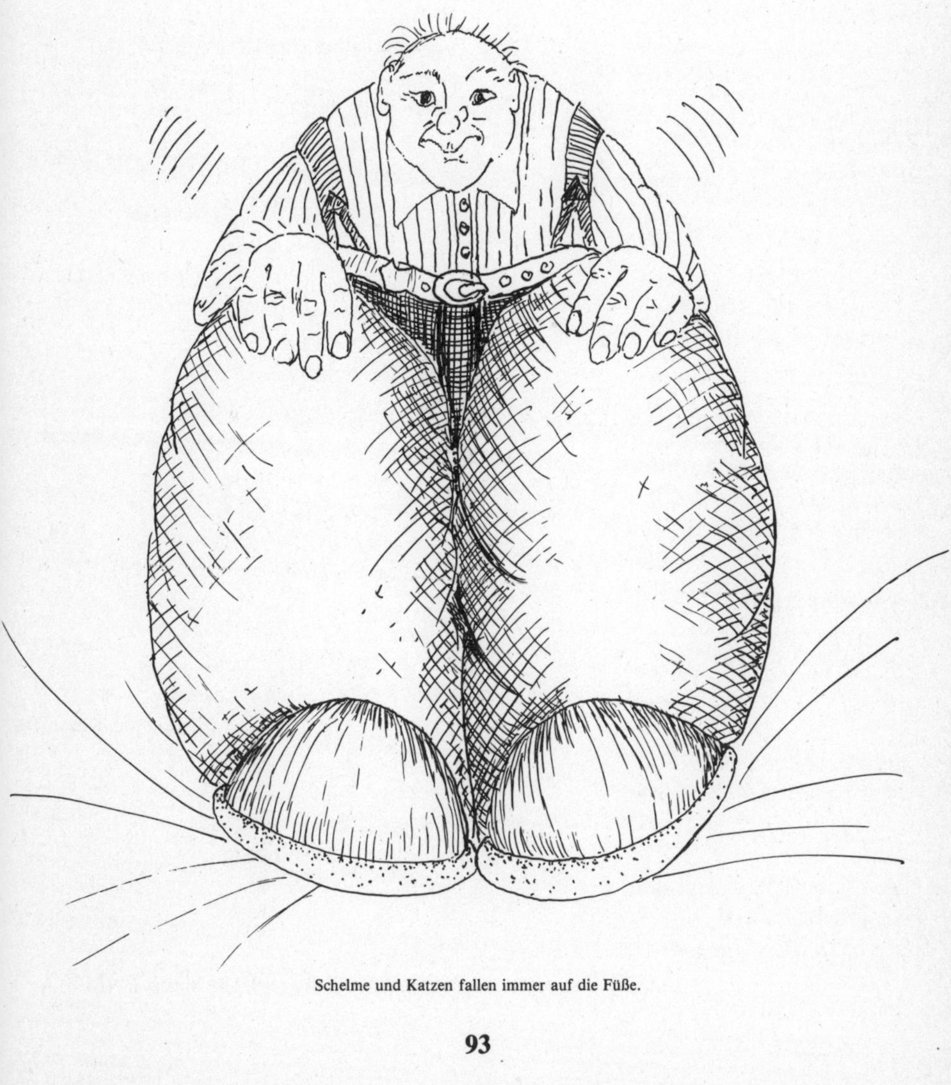

Schelme und Katzen fallen immer auf die Füße.

Rivalität
Besser zehn Bettler in einer Hütte
als zwei Fürsten in eines Landes
Mitte.

Rollenkonflikt
Eine Frau, die Mann spielen will,
hört auf, Frau zu sein.

Rotznase
Rotzige Leute wollen immer
den anderen die Nase wischen,
sagen die Norweger.

Rückversicherer
Ich arbeite für den Teufel,
bis ich mein Mittagessen habe,
dann folge ich Gott,
sagen die Zigeuner.

Rüstung
Ist der Pfeil an der Sehne,
so muß er losgehen,
sagen die Chinesen.

Ruf
Was einmal Pißpott ist,
stinkt immer.

Ein bißchen Schande tötet nicht,
sagen die Franzosen.

Ruhe
Den Bösen strafen
heißt dem Frommen Ruhe schaffen,
sagen die Dänen.

Ruhestörung
Den Hähnen, die zur Unzeit krähen,
muß man den Kopf abdrehen,
sagt man in Wales.

Rundung
Rund ist der Himmel,
und rund ist die Erde,
und rund sollen wir alle sein,
sagte der feiste Mönch
und machte die Nonne rund.

Eine Frau, die Mann spielt, hört auf eine Frau zu sein.

Schaden
Durch fremden Schaden
ist billig klug werden,
sagen die Araber.

Schadenfreude
Fremdes Unglück ist zuweilen ein Fest,
sagen die Polen.

Schande
Es jagt keiner mehr nach Ehre,
als wenn er seine Schande
damit bedecken will,
sagen die Spanier.

Schatten
Niemand kann in seinem
eigenen Schatten ausruhen,
sagen die Berber.

Scheinheiligkeit
Beim Beten ist das Trompeten
nicht vonnöten.

Was die Welt nicht mag,
opfert man Gott,
sagen die Franzosen.

Je näher dem Papst,
je schlimmer die Christen.

Was dem Abt nicht schmeckt,
schenkt er den Armen,
sagen die Spanier.

Scheißen
Scheißen macht Hunger,
sagen die Rumänen.

Scherz, blutiger
Der Katzen Scherz ist der Mäuse Tod.

Schicksalsbewältigung
Wer kein Federbett hat,
legt sich auf den Bauch
und deckt sich mit dem Arsch zu,
sagen die Schweden.

Wenn die Zähne weg sind,
hat die Zunge freies Spiel.

Schlagfertig
Wenn der Kaiser furzt,
rufe man »Gesundheit!«
sagten die Römer.

Ganz richtig geschissen, Herr Doktor,
nur ein bißchen zu dünn,
sagen die Tschechen.

Schlitzohrigkeit
Irren ist nicht schlimm,
solange es zum eigenen Vorteil
geschieht,
sagen die Amerikaner.

Ein gelungener Bubentrick
geht über ein Tugendstück.

Zieh die Schlange aus dem Loch
mit eines andern Hand,
sagen die Ägypter.

Küß die Hand, die du nicht
beißen kannst.

Hast du etwas angestellt,
so leugne,
sagt man in Italien.

Ein bißchen Schändlichkeit
gibt dem Arsch eine gesunde
Gesichtsfarbe,
sagt man in Jugoslawien.

Schönfärberei
Die Buckel sind aus der Mode,
sagte der Schneider,
man trägt jetzt nur noch hohe
Schultern,
sagen die Italiener.

Schönheit
In einem schönen Leib
wohnt ein freundlich Weib,
sagen die Perser.

Schulden
Wer wissen will,
was ein Taler wert ist,
muß einen borgen,
sagt man in der Schweiz.

Schutzbehauptung
Ich gehe nicht müßig,
sagte der Bummler,
ich trage meine faule Haut
als schwere Last herum.

Schwanz
Wo Schwanz regiert,
hat Kopf sein Recht verloren,
sagen die Franzosen.

Schwarzmaler
Es gibt Leute,
die warnen solange vor etwas,
bis es eintritt,
sagen die Polen.

Selbsterfahrung
Wer wissen will, wer er ist,
braucht nur mit seinem Nachbarn zu
streiten,
sagten die Römer.

An Rheumatismus
und Liebe glaubt man erst,
wenn man davon befallen ist,
sagen die Polen.

Selbsthilfe
Ein Apotheker braucht nicht lange
Hahnrei zu sein.

Selbstjustiz
Wie du mir, so ich dir.

Selbstkritik
Wer mich einmal bestiehlt,
dem vergib Gott;
aber Gott vergeb mir nicht,
wenn ich mich öfter bestehlen lasse,
sagt man in der CSSR.

Selbstversorger
Wer keine Plagen hat,
macht sich welche.

Der Traum trügt,
der Furz fliegt,
wer ins Bett scheißt,
der findet was.

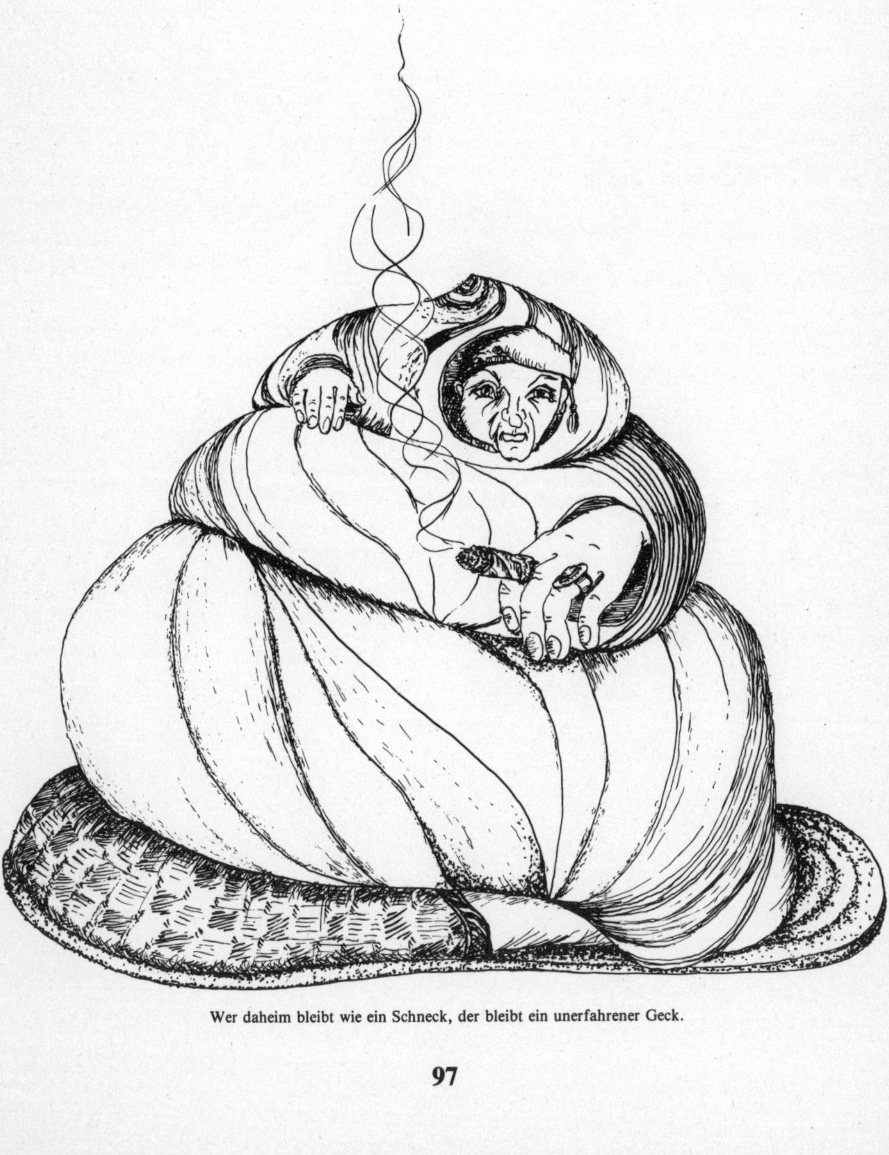

Wer daheim bleibt wie ein Schneck, der bleibt ein unerfahrener Geck.

Selbstverteidigung
Es ist besser, den Teufel zu töten,
als sich von ihm umbringen zu lassen,
sagen die Basken.

Selbstverwirklichung
Viele vertauschen ihre Kinderschuhe
mit der Narrenkappe.

Skandal
Eine Lüge hat keine Beine,
aber ein Skandal hat Flügel,
sagen die Briten.

Skandal ist wie ein Ei,
wenn er ausgebrütet ist,
bekommt er Flügel,
sagt man auf Madagaskar.

Singles
Lieber will ich ledig leben,
als der Frau die Hosen geben.

Solidarität
Täusche deinen Vorgesetzten,
aber nicht deinen Untergebenen,
sagen die Chinesen.

Solidarität, kritische
Pack schlägt sich,
Pack verträgt sich.

Wenn die Hunde einander genug
gebissen haben,
lecken sie sich gegenseitig den Arsch,
sagen die Russen.

Sozialismus, real existierender
Man soll nicht Rahm predigen
und Magermilch leben,
sagen die Dänen.

Spätfolgen
Adam hat den Apfel gegessen,
und uns tun die Zähne davon weh,
sagt man in Ungarn.

Sparsamkeit
Was einer am Tränklein Wein erspart,
das muß er auf dem Siechenbett
verzehren,
sagen die Bulgaren.

Das letzte Hemd hat keine Taschen,
sagten die Römer.

Wer früh aufsteht, der viel verzehrt,
wer lange schläft, den Gott ernährt.

Spare in der Not,
so hast du für den Tod.

Wer spart,
spart für die Katze,
sagen die Italiener.

Spaziergang
Der kleine Spaziergang
hat mir wohl getan,
sagte die Frau,
als sie vom Begräbnis ihres Mannes
zurück kam,
sagt man in Frankreich.

Spiegelbild
Wenn ein Affe in den Spiegel schaut,
kann kein Apostel heraussehen,
sagt man in Österreich.

Spießer
Wer stets daheim bleibt
wie ein Schneck,
der bleibt ein unerfahrener Geck.

Sprichwort
Hast du Verstand, so folge ihm,
hast du keinen,
so folge dem Sprichwort,
sagen die Perser.

Das Sprichwort ist das Salz der Rede.

Spürsinn
Alter Käs' und Jungfernloch,
siehst du sie nicht,
du riechst sie doch.

Staatsdiener
Vor einer fetten Sau
sollte man eher den Hut ziehen,
als vor einem Ratsherrn,
sagen die Schweizer.

Staats-Ideologie
Solange der Zar betet,
liegt das Volk auf den Knien,
sagen die Russen.

Stammtischpolitik
Hinterm Ofen ist gut Krieg führen.

Standesdünkel
Ihr eine Dame,
ich eine Dame,
und wer führt die Sau hinaus?,
sagt man in Portugal.

Standhaftigkeit
Wenn der Schwanz steht,
ist der Verstand im Arsch,
sagten die preußischen Soldaten.

Standortfrage
Wer dem Glück im Schoß sitzt,
der hat gut reden.

Steuer
Ein Säckel wird nie voll,
der Staatssäckel.

Stimulanz
Ein schönes Weib weckt entschlafene Lust.

Straßenfeger
Dreck ist mein Brot,
sagte der Straßenfeger.

Hunde fressen femden Dreck,
sagen die Schweden.

Streit
Wer sich auf Streit einläßt,
muß sich nicht über den Verlust
von Zähnen beklagen,
sagen die Engländer.

Kleiner Streit
bringt die Herzen einander oft näher,
sagten die Römer.

Streß
In der Not spricht jeder
wie ihm der Schnabel gewachsen ist,
sagen die Sarden.

Tiefe Schächte und junge Frauen
machen marode Bergleute,
sagt man in Wales.

Studium
Wer lange auf seine Weisheit studiert,
ist noch nicht von der Torheit kuriert.

Probieren geht über studieren.

Sünde
Zwing' mich, sprach die Nonne,
so begeh' ich keine Sünde,
sagt man in Polen.

Wenn die Frau sündigt,
ist der Mann nicht unschuldig,
sagt man in Italien.

Wer sich seiner Sünden schämt,
sündigt doppelt.

Sünden, läßliche
Ein Fisch vom Fluß,
ein Baum vom Wald
und ein Reh vom Berg,
das sind Diebstähle,
deren sich noch niemand geschämt hat,
sagen die Schotten.

Sünder
Junge Sünder, alte Mucker,
sagen die Wallonen.

Süßigkeit
Wer zu süß ist,
an dem lecken alle,
sagen die Araber.

Superlative
Der größte Dreck
gehört allzeit der faulsten Sau.

Subversion
Böses mengt sich unter Gutes keck,
wie unter den Pfeffer der Mäusedreck.

Ein bißchen Schande tötet nicht.

Tabu
Die Frau, das Pferd und die Waffe
dürfen gezeigt, aber nicht verliehen
werden.

Taktik
Wer den Apfel will,
zieht den Zweig herunter,
wer die Tochter will,
liebkost die Mutter munter.

Theoretiker
Während die Weisen grübeln,
erobern die Dummen die Festung,
sagen die Kroaten.

Teufelswerk
Wo das Kloster ein Stück Land hat,
hat der Teufel seinen Pflug drin,
sagen die Tschechen.

Der Teufel hat das Suchen erfunden
und seine Großmutter das Warten,
sagen die Spanier.

Laß den Teufel in die Kirche,
schon steigt er auf die Kanzel und
predigt.

Wo ein schöner Fleck ist,
da scheißt der Teufel ein Kloster hin.

Tierliebe
Es geschieht aus Liebe,
sagte der Bauer,
als er das Kalb unter den Schwanz
küßte.

Tisch, grüner
Ein sitzender Arsch denkt viel aus.

Tischsitte
Kurzes Beten und langes Tafeln
ist besser als langes Beten
und kurzes Tafeln,
sagt man in Frankreich.

Tod
Arm oder reich,
der Tod macht alle gleich.

Der Tod nimmt dem Menschen nichts
als den Madensack,
darin das Leben steckt,
sagen die Schweden.

Der Tod ist der Armen Arzt.

Todesursache
Wer sich aus Liebe verheiratet,
krepiert aus Wut.

Den Bauch verhatscheln,
heißt zum Kirchhof watscheln,
sagt man in Österreich.

Das ist ein rührender Tod,
sagte der Lehrjunge,
als er sah, wie die Meisterin
Fliegen in die Suppe quirlte.

Frauen lachen
und Männer ärgern sich zu Tode.

Wer vor Liebe stirbt,
liebt übermächtig.

Töchter
Töchter und tote Fische
sind keine Lagerware.

Toleranz
Man muß jedem seine Leibfarbe,
seine Leibspeise
und seine Leibreligion lassen,
sagt man in Amerika.

Gott fragt nicht nach dem Taufschein,
sagt man in Rußland.

Laß die Leute reden
und die Hunde bellen,
sagen die Mongolen.

Jedem Tierchen sein Pläsierchen.

Tradition
Brauch und Zunft
kennen keine Vernunft.

Wo es der Brauch ist,
legt man die Kuh ins Bett,
sagen die Schweizer.

Tränen
Tränen sind scharfe Wasser,
aber sie waschen keine Torheit ab,
sagen die Araber.

Tränen sind der Schweiß der Seele,
sagten die Römer.

Tränen sind der Frauen Waffe,
sagen die Italiener.

Träume
Schön ist nicht, was man sieht,
sondern was man träumt,
sagen die Flamen.

Transpiration
Transpiration ist die Inspiration
der Ängstlichen.

Faule Leute und fette Schweine
schwitzen gern.

Tratsch
Wenn zwei beieinander stehen,
geht es über einen dritten her,
sagen die Tschechen.

Treue
Allzu gut ist dumm,
sagt man in Senegal.

Trinker
Unter einem schlechten Mantel
verbirgt sich oft ein guter Trinker,
sagt man in Spanien.

Branntwein macht mir Widerwillen,
sagte der Trinker.

Dem Besoffenen legt der liebe Gott
ein weiches Kissen unter,
sagt man im Baltikum.

Die Weiber sind ein schönes Übel.

Trinkerphilosophie
Lebe wohl, Verstand,
meinte der Säufer,
als er in die Schenke ging, wer weiß,
wann wir wieder zusammenkommen,
sagen die Polen.

Trockengewächs
Narren wachsen ohne Bewässerung,
sagt man in Ägypten.

Trost
Alles in der Welt ist eitel,
wer kein Geld hat,
scheiß' in den Beutel.

Trunkenheit
Ein trunken Weib
ist ein Engel im Bett,
aber ein Satan im Haushalt,
sagen die Iren.

Tugend
Armer Leute Tugend leuchtet nicht weit.

Wer tugendhaft lebt, wird geehrt,
aber nicht beneidet,
sagen die Franzosen.

Die schönste Schande
ist ein unkeusches Weib,
sagten die Römer.

Wer für die Sünde zu alt ist,
preist die Tugend.

Tapferkeit ist ein blindes Huhn.

Gelehrte Leute loben die Tugend
und lieben die Laster.

Die Tugend lieben,
wird selten übertrieben,
sagen die Albaner.

Lebe wohl, Verstand, sagte der Säufer, als er in die Schenke ging, wer weiß, wann wir wieder zusammenkommen.

Übel
Die Weiber sind ein schönes Übel,
sagten die alten Griechen.

Überdruß
Wenn die Sau satt ist,
stößt sie den Trog um,
sagen die Holländer.

Die den Zucker sieden, essen ihn nicht.

Selbst das Beste bringt Verdruß,
wenn man's zu lange treiben muß.

Wer keinen Hunger hat,
dem hat die Kokosnuß
eine zu harte Schale,
sagen die Äthiopier.

Übereifer
Man kann des Guten nie zuviel tun,
sagte der Frömmler,
und ersäufte sich im Weihwasser.

Überheblichkeit
Gott gibt uns den Verstand,
und wir
halten uns darauf etwas zugute,
sagt man auf Malta.

Überleben
Leugne wacker und bleibe dabei.

Besser schimpflich geflohen
als ehrlich gestorben.

Lieber ein Feigling
als ein Leichnam,
sagen die Iren.

Überlebensstrategie
Weit vom Schuß —
macht alte Krieger.

Wenn der König zu Mittag sagt,
es sei Nacht,
sieh nach den Sternen,
sagen die Araber.

Übertreibung
Allzu weise und fromm taugt nichts,
sagen die Ungarn.

Besser ist besser, sagte der Junge,
und streute Zucker über den Sirup,
sagen die Friesen.

Umgang mit Frauen
Weiber sind wie Wildbret:
je mehr Schläge, je besser sind sie,
sagen die Rumänen.

Umverteilung
Den Bauern das Fleisch,
den Herren die Knochen.

Umweltbelastung
Unverschämt furzt in der Kirche.

Umzug
Dreimal umgezogen,
ist einmal abgebrannt.

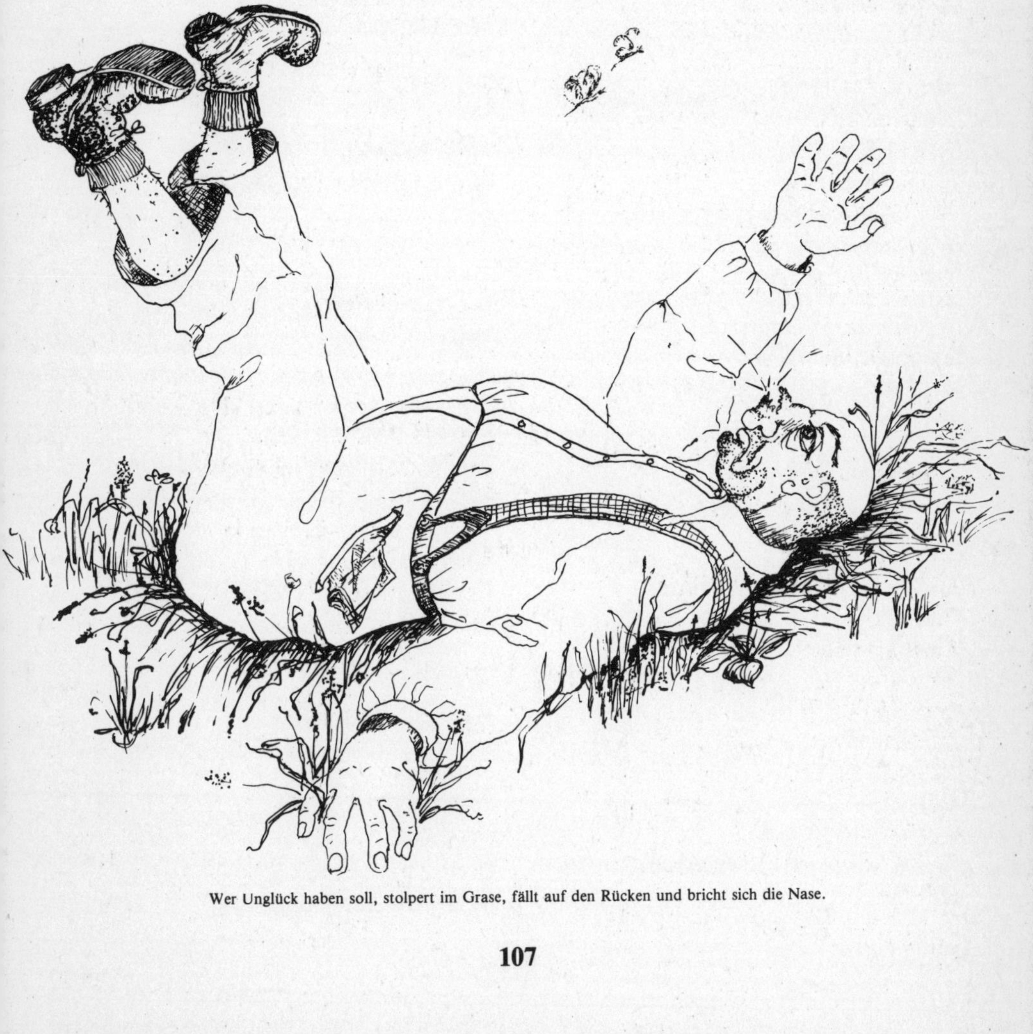

Wer Unglück haben soll, stolpert im Grase, fällt auf den Rücken und bricht sich die Nase.

Undankbar
Als man die Katze gelobt hatte,
schiß sie ins Mehlfaß,
sagt man in Ägypten.

Unentschiedenheit
Wer sich zwischen zwei Stühle setzt,
fällt mit dem Arsch auf die Erde.

Ungewißheit
Man kann nicht wissen,
wann die Hühner pissen,
sagt man im Nassauischen.

Unglück
Unglück hat der,
der im Hintern den Finger bricht,
sagen die Inder.

Immer habe ich Unglück, sagte der
steinreiche Pfeffersack,
als er seinen Strumpf verkehrt herum
angezogen hatte.

Unsensibel
Loch ist Loch,
sprach der Koch
und vögelte das Ofenrohr.

Unterschied
Schafe scheißen Pillen
und sind doch keine Apotheker,
sagen die Sarden.

Unterwürfigkeit
Der Unterwürfige
macht sich zum Arsch seines Herrn,
sagt man in Portugal.

Wer dem Hund
den Hintern küssen will,
braucht sich zuvor den Mund nicht
zu wischen,
sagen die Afghanen.

Wenn der Zar lacht,
wackeln den Ministern die Bäuche,
sagen die Russen.

Die sich vor dem Grobian bücken,
kriegen nen Fußtritt in den Rücken.

Wer den Stock fürchtet,
kann nur mit dem Stock regiert
werden.

Die unterwürfigsten Hunde,
beißen am gemeinsten,
sagen die Araber.

Unzufriedenheit
Schweine und Bauern
haben immer etwas zu grunzen.

Scheißt man dem Bauern aufs Maul,
ist's ihm zuviel,
scheißt man ihm auf den Acker,
ist's ihm zuwenig,
sagen die Franzosen.

Ursachen
Es hat seinen Grund,
wenn das Pferd seinen Schwanz hebt.

Eine Frau, sei sie noch so alt, wenn sie Feuer fängt, will sie tanzen.

Verbrennung
Wer sich den Arsch verbrennt,
muß auf Blasen sitzen,
sagen die Russen.

Verfilzung
Wer den Papst zum Vetter hat,
kann leicht Kardinal werden,
sagen die Italiener.

Wenn zwei unter einer Decke stecken,
sprechen sie bald eine Sprache.

Verlierer
Wer Unglück haben soll,
stolpert im Grase,
fällt auf den Rücken
und bricht sich die Nase,
sagt man in Japan.

Verlockung
Kein Apfel schmeckt besser,
als der vom verbotenen Baum.

Vermögensbildung
Wem die Pferde am Leben bleiben
und die Weiber sterben,
der kann ein reicher Mann werden,
sagen die Ungarn.

Lieber Wein trinken und erwerben
als Wasser trinken und verderben,
sagt man im Elsaß.

Wenn man gibt, nimm;
wenn man nimmt, schrei: Gewalt!,
sagen die Juden.

Sage, was du gerne hättest,
aber nimm getrost auch,
was du nicht magst,
sagt man in Jugoslawien.

Wer beim Zoll ist und nicht
reich wird, ist ein Pinsel,
sagen die Perser.

Zinsen schlafen nicht.

Vernunft
Wenn die Vernunft stirbt,
liegt die Gerechtigkeit
in den letzten Zügen,
sagten die Römer.

Der ist weise, der nicht allzuviel
auf die Vernunft gibt,
sagen die Holländer.

Verschlagenheit
Hunde und Verleumder
prüfen die Natur von hinten.

Verstand
Viel Verstand — wenig Vernunft,
sagen die Franzosen.

Wo Geist ist,
da spuken keine Geister,
sagen die Franzosen.

Ist das Bier im Manne,
ist der Verstand in der Kanne.

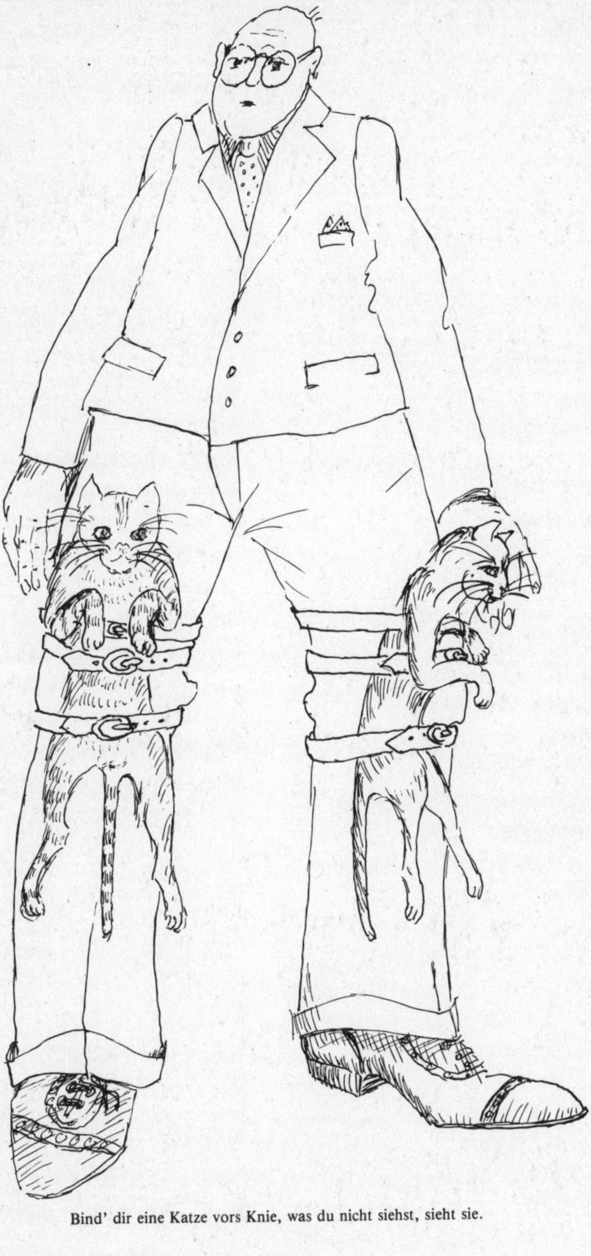

Bind' dir eine Katze vors Knie, was du nicht siehst, sieht sie.

Verwandlung
Wein macht aus Menschen
Götter und Teufel.

Verwandtschaft
Die keine Schwiegermutter
und keine Schwägerin hat,
ist gut verheiratet,
sagen die Portugiesen.

Veteranenweisheit
Nahe beim Wein
und weit vom Schuß,
da ist es am besten.

Vitalität
Eine Frau, sei sie noch so alt,
wenn sie Feuer fängt,
will sie tanzen,
sagt man auf Kreta.

Vögel
Alte Frauen und Hühner,
die täglich zwei Eier legen,
sind seltene Vögel,
sagen die Iren.

Vögeln
Vögeln ist die schönste Jahreszeit,
sagen die Tiroler.

Völlerei
Hühner und Priester sind nie satt,
sagen die Italiener.

Auf vollem Bauch steht
ein fröhlich Haupt.

Wo der Bauch Gott ist,
da ist der Kopf Schornstein,
aus dem nur Rauch kommt.

Der Bauch ist ein beinloser Gott.

Vorbestimmung
Wer für den Galgen geboren ist,
ersäuft nicht.

Vorbild
Wenn der Abt spielt,
zechen die Mönche.

Also hat Gott die Welt geliebt,
und der Pfaff' seine Köchin.

Vorliebe
Die Katze liebt den Speck
und die Sau den Dreck.

Vorsätze
Der Weg zur Hölle ist mit vielen
guten Vorsätzen gepflastert.

Vorsicht
Wer jedem Strohhalm
aus dem Wege geht,
fällt zuerst auf die Nase,
sagen die Dänen.

Wer liegt, kann nicht fallen.

Vorspiel

Beschlafen ist gut,
aber man muß sich nicht mit
der Bettlade fangen lassen,
sagen die Holländer.

Bind dir eine Katze vors Knie:
was du nicht siehst, sieht sie,
sagen die Basken.

Vorspiel
Feurige Augen
machen brennende Lippen.

Zank bei Tag
ist das Vorspiel zu einer feurigen
Liebesnacht,
sagen die Italiener.

Vorurteile
Nicht jeder, der
unter einem Strohdach geboren ist,
ist ein Strohkopf.

Wer Vorurteile einsaugt,
ist sein Leben lang berauscht,
sagen die Mexikaner.

Vorwitz
Wer seine Nase in alle Löcher steckt,
holt sie beschissen heraus.

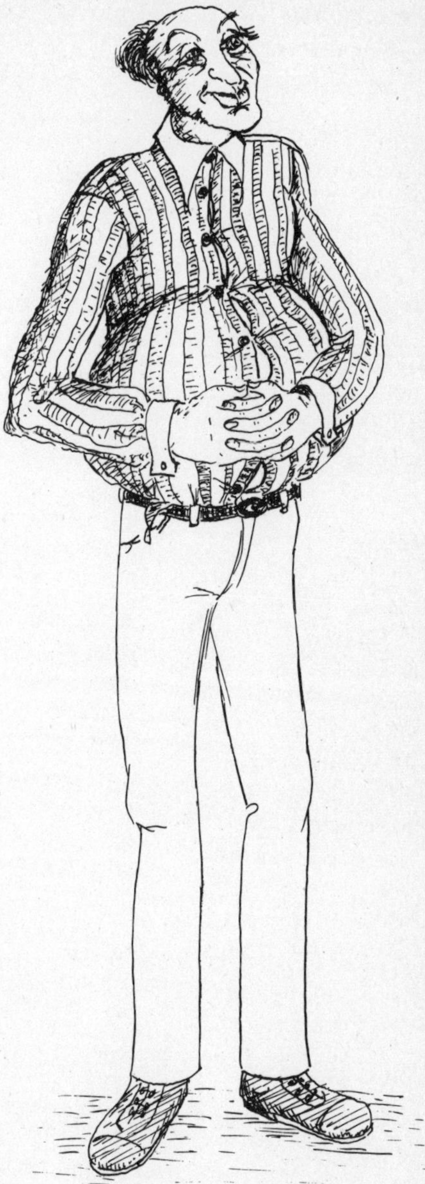

Auf vollem Bauch steht ein fröhlich Gesicht.

Wachstum
Schafen wächst die Wolle im Schlaf,
sagen die Griechen.

Waffe
Die Zunge der Frau ist ihr Schwert,
sie sorgt dafür, daß es nicht rostet,
sagen die Chinesen.

Wahrheit
Weiber sagen stets die Wahrheit,
aber nie die ganze,
sagen die Italiener.

Im Wein ist Wahrheit,
sagten die Römer.

Die Wahrheit taugt nicht fürs Leben,
sondern nur,
in die Ikonenecke gestellt zu werden,
sagen die Russen.

Nur die Wahrheit verletzt,
sagen die Franzosen.

Mit der Wahrheit
schlägt man den Leuten die Geige um den Kopf,
sagen die Zigeuner.

Auch ein Blinder ist beleidigt,
wenn man ihm sagt,
daß er nichts sieht,
sagt man in Korea.

Ungewohntes schadet dem Menschen;
deshalb starb der Amtmann,
als er einmal die Wahrheit sagte,
sagen die Rumänen.

Die Wahrheit hat ein schönes Gesicht,
aber zerrissene Kleider,
sagen die Franzosen.

Mit Lügen
lockt man oft die Wahrheit heraus.

Waldsterben
Wenn der Wald stirbt,
stirbt auch das Volk.
Indianer-Weisheit.

Warnzeichen
Wenn der Hund sich krümmt,
will er scheißen.

Wasser
Wein macht heiter spät und früh,
Wasser nur Melancholie,
sagen die Griechen.

Wechselwirkung
Wenn der Hund scheißt,
kann er nicht bellen,
sagen die Russen.

Wegweiser
Der Arzt ist ein Wegweiser
ins Himmelreich.

Pfaffen und Wegweiser
zeigen wohl den Weg,
aber sie gehen ihn nicht mit.

Wehleidigkeit
Zehn alte Damen, elf Krankheiten.

Ein schönes Weib ist ein schöner Zeitvertreib.

Wer am meisten jammert,
fühlt sich am wohlsten.

Hunde brunzen und Frauen weinen
so oft sie wollen,
sagen die Österreicher.

Weib
Wären die Weiber auch von Glas,
sie würden doch
undurchsichtig sein,
sagen die Tschechen.

Ein Weib und ein Wechsel
kommen immer zurück,
sagen die Juden.

Weiber sind im Bettgelübte katholisch,
sie halten mehr auf die Werke
als auf den Glauben.

Ohne Weib ist keine Freude ganz.

Weiber, alte
Alles hat seine Zeit,
nur die alten Weiber nicht.

Weiber, böse
Besser ein böses Weib,
als eine schmutzige Magd,
sagen die Flamen.

Mit bösen Weibern
kannst du den Satan
aus der Hölle jagen,
sagt man in Portugal.

Weiber, kluge
Lieber ein bärtiges Weib
als ein gelehrtes.

Weiber sind klug von Natur
und Närrinnen aus Neigung.

Weiber, reiche
Das zweite Weib hat einen goldenen
Arsch,
sagt man in der Schweiz.

Weiber, schöne
Ein schönes Weib
ist der schönste Zeitvertreib.

Edelsteine und Weiber
werden zwar leichter,
aber auch schöner durchs Schleifen,
sagen die Araber.

Weiberhaß
Besser Weiber begraben
als in die Kirche führen.

Weiberherrschaft
Die Weiber siegen im Erliegen.

Das Weib beherrscht den Mann
durch Liebe.

Wein
Beim Wein erkennt man die Leute,
sagten die Römer.

Wenn der Wein gut ist,
kommt der Durst mit dem Trinken.

Wein muß man mit Wein löschen.

Der Wein erfreut der Menschen Herz.

Weitblick, mangelnder

Steckt man den Kopf in den Sand,
bleibt doch der Arsch zu sehen,
sagt man in Afrika.

Weisheit

Weisheit reitet oft auf Eseln
und kommt zu spät,
sagen die Araber.

Weise Leute
wollen Narren um sich haben.

Der ist nicht weise,
der nicht auch Narr sein kann.

Die höchste Weisheit ist,
nicht allzeit weise zu sein.

Welt

Die Welt ist eine Uhr,
der Geldsack das Gewicht
und die Frau die Unruhe,
sagen die Engländer.

Es geht nirgends sonderbarer zu
als auf dieser Welt.

Weltanschauung

Auf Weiber und Geld
steht der Sinn der Welt,
sagen die Amerikaner.

Wer den Himmel im Wasser sieht,
sieht die Fische in den Bäumen,
sagen die Chinesen.

Weltregierung

Frau Venus und Geld
regieren die Welt.

Weltverbesserer

Wohlmeinende Menschen
verderben Land und Leute,
sagen die Chinesen.

Wertung

Der Bauern Weisheit
und der Huren Schönheit
gelten nicht viel.

Den Wein auf den Tisch,
das Wasser für die Fisch,
sagten die Römer.

Werbung

Mit Speck fängt man Mäuse.

Tu' Gutes und rede darüber,
sagen die Amerikaner.

Eine schöne Wirtin
verkauft auch saures Bier,
sagt man in Belgien.

Klappern gehört zum Handwerk.

Sogar der liebe Gott hat es nötig,
für sich Glocken läuten zu lassen,
sagen die Spanier.

Widerstand
Wer nicht will,
daß ihm die Hände frieren,
der muß eine Faust machen,
sagen die Polen.

Wem der Zar das rechte Auge blendet,
dem schärft Gott das linke.

Gegenwehr ist erlaubt.

Gewalt muß Gewalt vertreiben.

Gewalt geht vor Recht.

Widerstand, passiver
Gegen eine eiserne Rute
hilft nur ein eiserner Arsch,
sagen die Polen.

Willkür
Läßt Gewalt sich blicken,
geht das Recht auf Krücken.

Wirtschaftsordnung
Wer hat, dem gibt man,
sagen die Franzosen.

Wer viel hat, braucht mehr,
sagen die Amerikaner.

Wirtshaus
Wo Gott eine Kirche gebaut hat,
baut der Teufel ein Wirtshaus dazu,
sagen die Ungarn.

Wissen
Wer's weiß, wird's wissen,
sagt man in Schwaben.

Wissenschaft
Jed' Ding hat seine Wissenschaft,
sagte die Dirne, und pustete
die Kerze mit dem Arsch aus.

Wissenschaft, fröhliche
Wissenschaft bläht auf,
sagen die Mönche,
und füllen sich mit Bier,
sagen die Iren.

Witwe
Ein altes Kesselchen
will auch gescheuert sein,
sagte die alternde Witwe,
und langte dem Laufburschen in den Hosenschlitz,
sagt man in Italien.

Wer eine Witwe mit drei Töchtern
heiratet, heiratet vier Diebe,
sagen die Spanier.

An Witwen und Waisen
will jedermann den Arsch wischen,
sagen die Slowaken.

Raus, was keine Zinsen bringt, sagte der Schwabe und rotzte sich in die Hand.

Die reiche Witwe
weint nur mit dem einen Auge,
mit dem anderen winkt sie,
sagen die Spanier.

Einer Witwe Trauer hält nicht länger,
als bis sie einer aufnestelt,
sagen die Franzosen.

Witwentränen trocknen schnell.

Wer um ein Mädchen wirbt,
muß lügen und kosen;
wer um eine Witwe freit:
herunter mit den Hosen!

Witwer

Wen Gott zum Narren haben will,
macht er zum Witwer
und gibt ihm eine junge Frau.

Zwei Witwer machen drei Narren.

Witz

Ein schlechter Witz ist gut
für die Predigt,
sagen die Dänen.

Witze und Geldborger
müssen unangemeldet kommen,
sagt man in den USA.

Jeder hat einen Narren im Ärmel.

Wohnverhältnisse

Ein vornehmes Pferd wohnt besser,
als ein armer Mann,
sagen die Engländer.

Wollust

Wollust weiß von Sorgen nichts,
sagten die Römer.

Es ist kein Weib so krank,
daß es nicht könnte auf dem Rücken
liegen,
sagen die Russen.

Wunder

Bei Gott ist alles möglich,
sagte der Ratsherr, und bestellte
acht Tage nach der Hochzeit
das Taufen.

Liebe Kinder essen nicht viel,
scheißen aber große Haufen,
sagen die Holländer.

Der Taube hört den Stummen
erzählen, daß der Blinde
den Lahmen laufen sah,
sagen die Juden.

Zähigkeit
Katzen und Frauen haben sieben Leben.

Zahnweh
Zahnweh entsteht in der Kirche
und vergeht meist auf dem Scheißhaus,
sagen die Flamen.

Zahnschmerz geht über Weltschmerz.

Zensur
Wenn der Zar Grind hat,
ist die Räude keine Krankheit mehr.

Zeugung
Liebe zeugt Liebe,
heißt es in Polen.

Zins
Zins und Zoll der Teufel hol,
sagt man in der Schweiz.

Raus, was keine Zinsen bringt,
sagte der Schwabe,
und rotzte sich in die Hand.

Zombi
Es ist mancher tot
und merkt es nicht,
sagen die Litauer.

Zorn
Zorn und Kaffee müssen heiß
genossen werden,
sagen die Türken.

Zorn unter Verliebten ist bald verraucht.

Zorn ist ein Stachel zu großen Taten,
sagen die Griechen.

Zorn ohne Macht wird verlacht,
sagen die Engländer.

Zucht
Hartes Brot verlangt scharfe Zähne,
sagen die Franzosen.

Züchtigung
Die Rute für die Kinder,
der Stock für die Rinder,
der Tod für die Schinder,
sagen die Tiroler.

Zündstoff
Scheißt der Hund ins Feuerzeug,
braucht der Herr keinen Zunder.

Zugkraft
Drei Fotzenhaare ziehen mehr
als ein Hanfseil,
sagen die Spanier.

Zunge, scharf
Von dir kann unsere Tochter
die scharfe Zunge nicht geerbt haben,
sagte der Mann,
denn du hast sie noch,
sagen die Italiener.

Zungen, böse
Böse Zungen soll man mit dem Tode stillen,
sagt man in Spanien.

Zuwendung
Gott hilft den Reichen,
die Armen können betteln gehen,
sagt man in Wales.

Gott hilft den Starken,
sagten die Römer.

Zwangsarbeit
Der Mann muß es seiner Frau tun
bis auf den Kirchhof,
sagen die Flamen.

Zweifel
Durch Fragen zieht man den Schleier
des Zweifels weg,
sagten die alten Griechen.

Wer nicht zweifeln kann,
ist ein dummer Mann.

Zweckbestimmung
Nachttöpfe sind keine Weingläser,
sagen die Spanier.

Zwerg
Ein Zwerg ist so gut ein Mann
wie ein Riese.

Auf den nächsten Seiten folgen die originellsten frechen Weisheiten des ausgehenden Jahrtausends

Anarchie
Das Chaos sei willkommen,
die Ordnung hat versagt.

Arbeit
Arbeit adelt, wir bleiben bürgerlich,
sagen die Müßiggänger.

Humanisierung der Arbeitswelt
Die dunkelste Kneipe ist besser
als der hellste Arbeitsplatz,
behaupten erfahrene Gewerkschafter.

Aussichten, gute
Wer morgens zerknittert
aufsteht, hat tagsüber viele
Entfaltungsmöglichkeiten,
sagen die versoffenen Vierzigjährigen.

Aussteiger
Halt die Welt an, ich will aussteigen,
sagen die Zivilisationsmüden.

Beischlaf
Der Pimmel und die Möse
sind sich niemals böse.

Wer nicht verkehrt, lebt verkehrt.

Besonnenheit
Es gibt viel zu tun, warten wir's ab.

Blau machen
Lieber krank feiern
als gesund arbeiten,
sagen die Kumpels.

Büro, Büro
Der Chef ist ein Mensch wie
jeder andere, er weiß es nur nicht.

Wer Ordnung hält, ist nur zu faul
zum Suchen.

Bürokratisch
Die Abk. für Abk. ist Abk.,
wissen die Beamten.

Chauvinismus
Frauen sind Männersache.

Chauvinisten
Wenn Frauen verblühen,
verduften die Männer.

Dach
Beim Flachdach ist das Dach flach,
sagen die Dachdecker.

Demokratie
Wenn Wahlen in diesem Land
etwas nützen würden, wären sie
schon längst abgeschafft.

Wer seine Stimme abgibt,
hat nichts mehr zu sagen.

Diät
Rache ist süß
und macht nicht dick.

Sex hat keine Kalorien,
sagen die Ernährungsberater.

Effizienz
Praxis ist: wenn alles funktioniert,
und keiner weiß warum.

Egoismus
Jedem das Seine –
mir das Meiste,

sagen alle.

Entwicklungshilfe
Brot für die Welt . . .,
aber die Wurst bleibt hier,

heißt es am Stammtisch.

Ernährung
Die chemischen Reinigungen
nehmen jetzt auch
Lebensmittel an,

spotten die Bio-Bauern.

Der Student geht so lange zur Mensa,
bis er bricht,

heißt es an der Uni.

Erwachsenwerden
Wenn es euch schon nicht gelang,
eure Mütter zu vergewaltigen,
dann erschlagt wenigstens
eure Väter,

raten die Psychotherapeuten.

Etymologie
Die Muttersprache heißt deshalb
Muttersprache, weil die Väter
nie zu Wort kommen,

sagen altgediente Familienväter.

Existenzphilosophie
Hart ist hart. Weich ist weich.
Aber immer weich ist wirklich hart.

Wer nie weggeht, kommt nie wieder.

Heute ist der erste Tag
vom Rest deines Lebens.

Jung kaputt erspart das Altersheim.

Lieber am Busen der Natur
als am Arsch der Welt.

Finanzen
Wie kommt es, daß am Ende
des Geldes noch so viel
Monat übrig ist,

fragen alle.

Frauen-Power
Die Phantasie der Männer
reicht bei weitem nicht aus,
die Realität der Frauen
zu begreifen.

Da Gott nicht alles alleine
machen wollte, schuf er Mütter,

behauptet die EMMA-Redaktion.

Als Gott den Mann erschuf,
übte SIE nur,

hört man in Emanzenkreisen.

Freiheit
Solange wir die Freiheit haben
zu träumen, träumen wir,
die Freiheit zu haben.

Freiheit 1918 – Gefühl und Härte.
Freiheit 1990 – Gewühl und Hertie.

Fremdgehen
Er war Chemiker, und seine Frau ging auch immer neue Verbindungen ein.

Frieden
Fighting for peace is like
fucking for virginity.

Friedenssicherung
Ein toter Soldat hat viel
von seiner Gefährlichkeit verloren.

Lieber warme Soldaten
als kalte Krieger.

Geburtenkontrolle
Stoppt die Überbevölkerung,
werdet schwul.

Gerecht
Die Schweine von heute
sind die Koteletts von morgen.

Soziale Gerechtigkeit
Auch Arme haben Beine.

Klassenlose Gesellschaft
Früher war es so geregelt,
daß der Fürst die Fürstin vögelt.
Heute ist es so verzwickt,
weil alles durcheinander fickt.

Glaubensgewißheit
Was kann der Mensch dafür,
daß Gott soviel Scheiße baut,
sagen die Frommen.

Glaubwürdig
Leute freßt Scheiße – 10 Millionen
Fliegen können sich nicht irren.

Gott
Gott ist tot – und du lebst
auch nicht mehr lange!
sagen die Häretiker.

Grün
Alle wollen zurück zur Natur,
nur nicht zu Fuß.

Härte
Kein Schwanz ist so hart
wie das Leben.

Für die Hausfrau
Fettflecke werden wieder wie neu,
wenn man sie regelmäßig mit Butter
beschmiert.

Heirat
An Mitgift ist noch keiner gestorben,
sagte der Bräutigam.

Impotent
Fehlt dir beim Ficken der Erguß,
bist du reif für Spartacus.

Intelligenz
Die Ameise hält das Glühwürmchen
für ein großes Licht.

Karneval
Jesus kommt! Wollen wir ihn
reinlassen,
fragt der Mainzer Studentenpfarrer
seine Gläubigen.

Karriere
Wer andern in den Hintern schlüpft,
daran meist eine Hoffnung knüpft.

Auch Zwerge haben klein angefangen.

Kommunikation
Je einsamer der Mensch,
desto besetzter sein Telefon.

Sage mir, was du von mir denkst,
und ich sage dir, was du mich kannst,
sagen die Resoluten.

Konstitution
Auf der Matte zart –
gegen Bullen hart,
sagen die Autonomen.

Korruption
Ein Mensch, der sich nicht bestechen
läßt, dem kann man nicht trauen,
sagen die Deutschen neuerdings.

Lebensart
Glücklich ist, wer verfrißt,
was nicht zu versaufen ist.

Faulheit ist die Angewohnheit,
sich auszuruhen, bevor man müde ist.

Lebenslust
Der Geist ist willig,
das Fleisch erst recht.

Lehramt
Einst lehrten uns die Griechen
die Philosophie, heute leeren sie
uns die Mülleimer,
sinnieren die humanistisch Gebildeten.

Leistungsdruck
Wenn ich die Kraft dazu hätte,
würde ich gar nichts machen,
sagen frustrierte Angestellte.

Lernfähigkeit
Ein Pessimist ist ein
ausgelernter Optimist.

Macht
Keine Macht für niemand.

Manager
Wer selber arbeitet,
verliert die Übersicht,
behaupten Chefs.

Männer
Frauen, seid lieber schön
als klug – Männer können
besser gucken als denken,
sagen aus Erfahrung kluge Frauen.

Merkwürdig
Auf älteren Fotos sieht man
immer viel jünger aus.

Motivation
Hast du keinen Bock,
versuch's mal mit ner Ziege.

Nachbarschaft
Der liebe Gott sieht alles –
die Nachbarschaft noch mehr.

Kleine Bosheiten erhalten
die Feindschaft.

Narzißmus
Was ist Onanie? –
Liebe an und für sich.

Mir geht nichts über mich,
sagen fast alle.

Nation
Die beste Nation
ist die Resignation,
sagen staatsverdrossene Bürger.

Opposition
Eine spitze Zunge ist
in vielen Ländern schon
unerlaubter Waffenbesitz,
sagen die Dissidenten.

Partizipation
Da wir von allem nichts verstehen,
reden wir überall mit.

Philosophie
Drinnen ist es genauso
wie draußen, nur anders.

Polizei
Bullen sind wie Schnittlauch:
außen grün, innen hohl und sie
treten meistens gebündelt auf.

Politik
Mit leerem Kopf nickt
es sich leichter.

Für Raucher
Es führt nur ein Weg zur Lunge,
und der muß geteert werden.

Lungenkrebs – der Geschmack
eines freien Landes,
verlautbart das Ministerium für Gesundheit.

Sport
Die schwierigste Turnübung ist,
sich selbst auf den Arm zu nehmen.

Staat
Jede Regierung braucht Menschen,
kein Mensch braucht Regierungen.

Politiker aller Länder verpißt euch!

Streut Kaviar unters Volk,
damit der Pöbel ausrutscht.

Willst du Butter von den Behörden,
schicke Milch auf den Dienstweg,
rät der Bürger.

Was ist das für ein Land,
in dem morgens um sieben
die Sonne schon aufgeht.

Auf die Dauer hilft nur Power.

Der Melker Staat hat kalte Finger.

Staat hau ab!

Tränen
Behaltet euer Tränengas,
es gibt genug zum Heulen,
sagen die Demonstranten.

Trinkers Trost
Zwischen Leber und Milz
paßt immer noch ein Pils.

Troubleshooter
Wo wir sind, klappt nichts,
aber leider können wir nicht
überall sein.

Wir sind zu allem fähig,
aber zu nichts zu gebrauchen.

Umweltschutz, praktischer
Alle reden vom Energiesparen,
ich spare meine.

Verkehr
Die Stoßstange
ist aller Laster Anfang.

Verzicht
Lieber arm dran, als Arm ab,
sagen die Bettelmönche.

Vorher – nachher
Wenn ein Mann hinterher
der Dumme ist, kann er sicher sein,
daß er es auch schon vorher war.

Vorsicht
Spontaneität will gut überlegt sein,
sagen die innovativen Politiker.

Wohnungsnot
Allein schlafen fördert
die Wohnungsnot,
behaupten die Immobilienmakler.

X-mas
Wär' Maria hart geblieben,
wär' uns Weihnachten
erspart geblieben,
sagt das genervte Verkaufspersonal.

Zeitgemäß
Die einzige Blume,
die auf Beton wächst,
ist die Neurose,
sagen die Psychiater.

Zölibat
Gott weiß, warum er seine Priester
vor der Ehe schützt,
sagen erfahrene Ehemänner.

Zufriedenheit
Nur Äktschen bringt Sätisfäktschen,
heißt es in der Scene.

Zurück zur Natur
Es wird immer komplizierter,
einfach zu leben.

Zukunft
Kommt Zeit, kommt Rat. –
Kommen Zeiten, kommen Ratten.